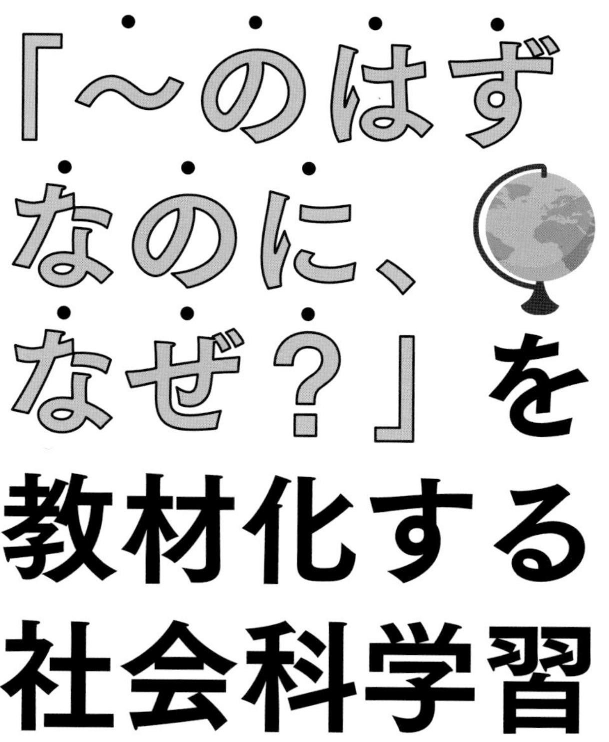

「～のはずなのに、なぜ？」を教材化する社会科学習

澤井陽介
［監修］
北海道社会科教育連盟
［編集］

東洋館出版社

はじめに

「～のはずなのに、なぜ？」を教材化する社会科学習というタイトルに込めた意味

「～のはずなのに、なぜ（どうして）～？」という社会科授業を、いったい何本参観してきたでしょうか。本書のタイトルにもあるこの文言は、ある意味、学習問題における定型句、「問いの王道」です。授業後の話し合いでは、「子供の追究に火がつく問いになっていたのか」「この教材化を深めるために、問うべき問いであったのか」と熱い議論が繰り返されてきました。

「～のはずなのに、なぜ～」は、これまでもこれからも、社会科授業のど真ん中に鎮座する不易の文言だと考えます。

しかし、本書で最も主張したいことは、「～のはずなのに、なぜ？」は、本時の問いという枠を越えて「教材化の核」として捉えるべきであるということです。だから 本書のタイトルは、「～のはずなのに、なぜ？」を教材化する社会科学習なのです。

私たち、北海道社会科教育連盟は、これまで「雪や寒さは宝である」を合言葉に、発想を転換することにより、いかなる困難に対してもプラス思考で柔軟に問題を解決する力の育成に努めてきました。視点を変えることでマイナスの陰に潜んでいたプラス面が見えてきたり、素朴概念の中に意外性が潜んでいることに気付いたりする、そんな教材化の面白さを求めてきました。

言い換えると、面白い教材化の鍵を握るのは、教材、資料から子供の「問い」が生まれる「発想の転換」にあるという考え方です。

本書は、古くて新しい課題「～のはずなのに、なぜ？」を実現する教材化には、「発想の転換」が必要なのだ、という北海道からのメッセージです。そのため道産子の気負いが随所に表れているかもしれません。ご容赦ください。

最後に、本書の出版にあたり、本連盟の先輩諸氏、本連盟同人、そして、この 10 年来、北海道の社会科に御助言くださっている澤井陽介先生、今回、出版の機会をいただいた東洋館出版社の高木聡氏に、心から感謝申し上げます。

令和４年７月吉日

北海道社会科教育連盟

委員長　白崎　正

もくじ

第4章
発想の転換を生かした社会科学習 ―実践事例　75

第1章 発想を転換する社会科学習

まさに予測不可能な時代の到来です。新型コロナウイルス感染症のまん延、気候変動による予期せぬ災害の発生、圧倒的なスピードで世界を席巻するSNS情報。そんな中､教育現場はICT革命真っ只中。時流に乗り変化に対応する人間が求められる、そんな時代になりました。

私たちは､そんな「今」だからこそ「人間の強み、子供の強み」に着目し、発想を転換する社会科学習を研究し、推進し、推奨します。

人間は、どんな経験や体験をするかによって、強さを表出できるようになります。子供は、どんな具体的・体験的な学習をするかによって、発達を越えた「見方・考え方」を表出できるようになります。

子供の脳は混沌です。漠然とした事実ではなく、絞られ、比較された事実の提示や、考える視点を与えることによって、好奇心や思考力、判断力に杭や楔が打ち込まれるのです。

人間に強さと弱さが同居しているように、この世界のあらゆる社会的事象は、多様性・独創性に満ちており、その中に本質が隠れています。そして、本質に至る道筋は、順接と逆接があり、だからこそ発想の転換が必要なのです。

次々と差し迫る未来の諸問題に対して、未知の状況に対応する思考力、判断力、表現力等を発揮し、情報活用能力を駆使し、多面的・多角的に分析し対処に努める。それが､「発想を転換する社会科学習」が育てる人間です。

第１節

人間の営みに
発想の転換を学ぶ

ニセコ町の国際交流に見られる発想の転換

何とも魅力的な１枚です。夏の羊蹄山をバックに、ニセコ尻別川でのラフティングの風景です。ニセコ町と言えば、全国に知られたスキーのメッカですが、近年は、冬の観光客よりも、夏場のラフティングなど体験型の観光客のほうが多いという事実があります。さらにここ数年、ニセコ近隣の市町村に目立って増えているのは、外国人の移住者。ニセコ町では、町民5306人中519人が外国人と、実に町民の10人に１人が外国の方です（令和元年度調べ）。今や国際交流という枠を越えて、日本人と外国人が共生する町となりました。

これを教材化しない手はありません。グローバル化する社会を生きる子供たちに、外国人と日本人の「つながり」をキーワードに多様性を認め合いながら共生するニセコ町のまちづくりを、第４学年「特色ある地域と人々のくらし～国際交流のさかんなまちニセコ町～」として、教材化した授業です。

単元を貫く学習問題は、「ニセコ町はどのようなまちづくりを行っているのだろう」です。

教材化の中心となる社会的事象は、町民の 10 人のうち 7 人が聴いているラジオ局「ニセコラジオ」の情報発信。授業で取り上げる具体的人物は、局長の宮川さん。

社会的事象を考える本時の問いは、「宮川さんは、どうして外国人の困りごとを英語と日本語で伝える番組をはじめたのだろう」です。

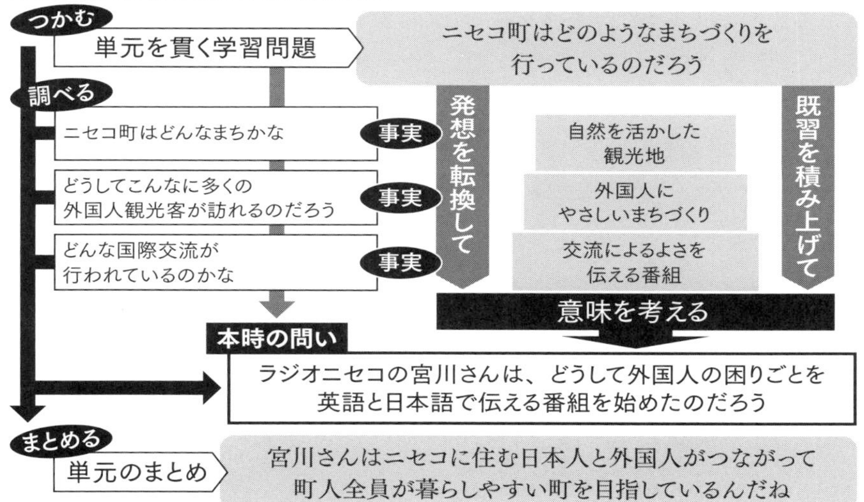

教材化の核となる発想の転換は、「国際交流とは、楽しいことやよいことを一緒に体験するだけでは不十分。よいことも困ることも含めて、まず、考え方や文化の違いをお互いに認め合おう」ということです。

この学習を通して子供たちは、日本人と外国人が一緒に生活する中では、困りごとが生まれることがあるということ。それは、どちらか一方の「困りごと」ではなく、「お互いの困りごと」であること。だから、そのことについて、お互いが見ないふりをしたり、我慢して言わなかったりするのではなく、「何についてどう困っているのか」を、まず「お互いに知り合う」ことで、はじめて「本当のつながり」が生まれ、「同じ地で共によりよく生きる」ことができる、という深い理解ができました。

北海道の教材観～「雪や寒さは宝である」～

私たち、北海道社会科教育連盟の教材観を一言で言えば、「雪や寒さは宝である」とする「発想の転換」です。温かい土地に住む人たちは、雪や寒さを、生活するのに大変そう、厳しそうと、「冬はやっかいもの」というマイナスイメージで捉えがちです。けれども、北海道民は違います。雪や寒さは、大いなる自然の恵みによる資源であり、私たちの生活文化に豊かさを与えるものと、プラスイメージで捉えているのです。

そして、社会科学習において、この「発想の転換」は、雪や寒さに限定されるものではありません。北国、北海道のもつ「よさ、そのもの」を直視して、その価値を見いだし、その地域の生活文化を豊かにする人間の営みの中にこそ見られるものなのです。

子供は、「発想を転換して生活文化を豊かに創造する人間の営み」に学ぶ授業を通して、社会的事象の意味を深く考え、その価値を深く理解していきます。そして、「働く」ことのすばらしさを実感し、「働く大人の姿」に憧れを抱き、生きることへの夢や希望を見いだします。私たちは、そんな「希望を語る社会科学習」を目指しています。

人間の営みに「発想の転換」を学ぶ

教材化の第一歩は、教師が対象となる社会的事象を調べることからはじまります。端末一つで様々な情報を即座に手に入れられる時代ではあるものの、そうした情報だけでは教材化に必要な事柄が抜け落ちます。

社会的事象をつくっているのは、人間です。小学校、とりわけ中学年で扱う社会的事象は、子供にとって身近なところにあり、そこには、必ず「○○さん」という人間の営みがあります。ですから、人間の営みに学ぶ教材化を行う際には、教師が現場に出向き、実際に「その人」に会い、話を聞くことが大切です。

困難を乗り越える「○○さん」の営みの中には、必ず従来とは異なる「発想の転換」が見られます。「その人」は、どのような意図でそうしているのか、それは、どのような意味をもつことになるのか、どのような意志で日々向き合っているのか…。教師の心に響く「その人」の話は、子供にとって追究に値する「人間の営み」であると考えます。

玉ねぎ農家の営みに発想の転換を学ぶ

札幌市の３年生は、「農家の人たちの仕事」で、玉ねぎを生産している農家を扱う例が多く見られます。それは、札幌の東区丘珠で生産される「札玉」が、本州において名の通ったブランド品として扱われているからです。

「札玉」の品質は、丘珠地区の気候条件が大きく関わっています。玉ねぎ農家のお話を聞くことができれば、おのずと教材化の核が見えてきます。

「先生、よい玉ねぎをつくるには、収穫前にいかに乾燥させるかが鍵なのさ。だから茎が倒れて茶色くなっても、できるだけそのまんま畑に転がしておく。丘珠地区は土地が広くてさえぎる山もない。だから乾いた強い風が吹く。こうやって畑に放っておくだけで、ほどよく乾燥して、さくさくとみずみずしい、それでいて腐りにくい玉ねぎになるんだわ」

「だから、収穫した後も風通しがよいコンテナに入れて、出荷するときもネットに入れる。そして、遠くに出荷したり、冬に出荷したりする玉ねぎは、ダンボールに入れる。ダンボールに入れた玉ねぎは、冬になっても倉庫の壁のグラスウールと玉ねぎ自身の呼吸熱で、凍らずに品質を保つことができる。ちょうど段ボールの中が2℃から5℃に保たれる。これで１年中、新鮮な玉ねぎを出荷することができるのよ」

単元を貫く学習問題は、「丘珠地区の玉ねぎ農家は１年間、どんな仕事をしているのだろう」で、社会的事象の意味を考える本時の問いは、「どうして北島さんは、玉ねぎを１か月も畑にころがしておくの？」です。

玉ねぎ農家の仕事を追究する中で、子供は、肥料の配合を踏まえた柔らかい土づくり、適切な間隔を開けての苗植え、除草剤等農薬をできるだけ少なくする工夫などを読み取ります。そして、子供たちに、「玉ねぎが立派に実りました」と伝え、現地学習に行きます。その現地学習の場で、子供が発想を転換して考えざるをえない仕掛けをつくるのです。

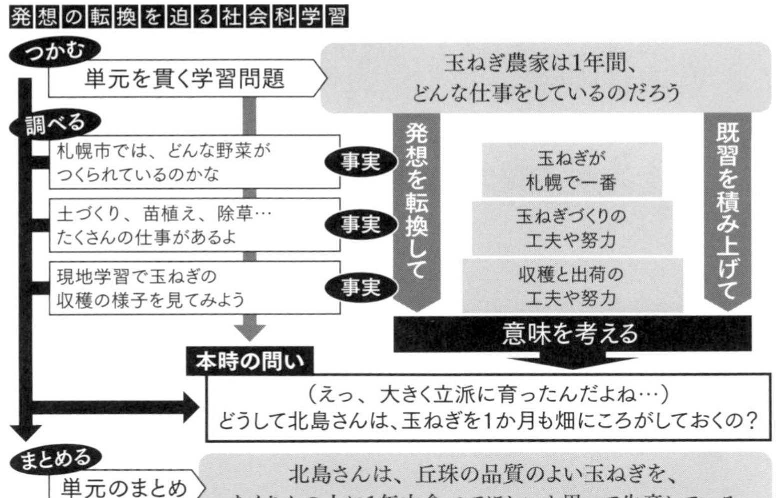

現地学習で見た畑の様子、大きなコンテナに入れて外に置いている様子、さえぎる物がない広い土地、乾いた強い風、そしてこの時期の札幌は雨が少ないという事実。子供は、札幌産の玉ねぎは「札幌黄」という名称で有名なブランド品であること、この土地の自然を生かし、何年もかけて品質のよい玉ねぎを生産し続けてきたからこその価値であることを、深く理解していくのです。

札玉を出荷するダンボールには、「わが娘のように育てました」という文字が印刷されていました。子供は、「玉ねぎを育てるのは仕事だけど、北島さんは、子供を育てるのと同じくらい大切に育てているんだ」「北島さんは、札幌黄（ブランド名）を食べて、おいしいって幸せな気持ちになってほしいって言っていた」「一生懸命仕事をすることは、誰かを幸せにすることなんだ」と、玉ねぎと生産者に心を寄せて考えていました。

これが「玉ねぎ農家の〇〇さん」という具体的な人物の「発想を転換する創造的な営み」に学んだからこそ感じることができる「社会科の楽しさ」です。学習指導要領上の「工夫と努力」という言葉を「知恵と汗」に置き換えて、子供が共感的に学んでこそ、深い学びとなったのです。

北海道開拓使　黒田清隆の営みに「発想の転換」を学ぶ

歴史上の人物の営みにも発想の転換があります。明治の時代、北海道開拓に大きな功績を遺した黒田清隆という人物がいます。大久保利通より北海道開拓を委任された黒田清隆は、北海道の新しい生活文化を創造するために、北海道と気候、風土が似ているアメリカ北部をその手本としました。

明治政府は、富国強兵、殖産興業を進めるために、欧米諸国から多くのお雇い外国人を呼びました。全国のお雇い外国人は、イギリスからが一番多く600名を超え、アメリカはフランスに次いで第3位、200名弱でした。

それに対して北海道のお雇い外国人は、実に7割がアメリカ北部から。黒田清隆は、大陸横断鉄道でワシントンに行き、グラント大統領と会い、気候や風土の似ているニューイングランド州をイメージして北海道を開拓することを決め、米国農務長官ホーレス・ケプロンを開拓使顧問に招聘。2人で「北海道開拓10年計画」を立てたのです。

その結果、北海道開拓の中心となったお雇い外国人は、全てアメリカ北部に縁のある人物。幌内鉄道のクロフォード、酪農のダン、炭田開発のライマン、ビール工場のアンチセル、そして札幌農学校のクラーク。北海道の地理的・気候的条件を存分に生かし、開拓の歴史をもつアメリカに学ぶという黒田清隆の先見の明こそ、「発想の転換」そのものだったと考えます。

単元を貫く学習問題は、「欧米に追いつこうと、何をしたのだろう」です。

子供は、資料をもとに、明治期の北海道開拓について調べる中で、お雇い外国人の功績の大きさに気付き、追究を深めていきました。クロフォード等の指導により、明治13年、日本で3番目の鉄道が、小樽―札幌間に開通。15年には幌内炭鉱まで伸びて、小樽港から多くの石炭が運ばれたこと。明治4年から14年までに、札幌を中心に建てられた官営工場は、ビール、しょう油、製粉、製紙、缶詰等、北米の工場に学び、その数は40にもなり、多くの製品が海外に輸出されたこと。それらは、日本全体から見ても、富国強兵、殖産興業に貢献する、大きな施策となっていたことを学び取ることができました。

社会的事象を考える本時の問いは、「黒田清隆は、どうしてアメリカ北部の人たちを中心に、北海道開拓に呼んだのだろう」です。

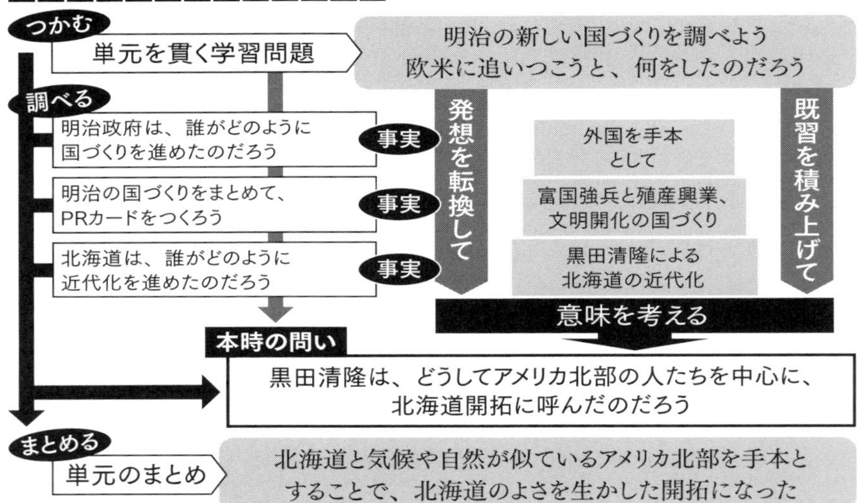

子供は、「どうしてアメリカにこだわったのだろう」「北海道とアメリカ、どっちも広いから」「アメリカは開拓の経験がある国だから」等、考えを膨らませました。「北海道と似たところがあるから？」「どこが似ているの？」「自然とか、気候とか？」という声があがったところで、地図帳の世界地図に北緯42度線を書き込ませました。

ここで、子供の追究が、一気に加速度を増しました。

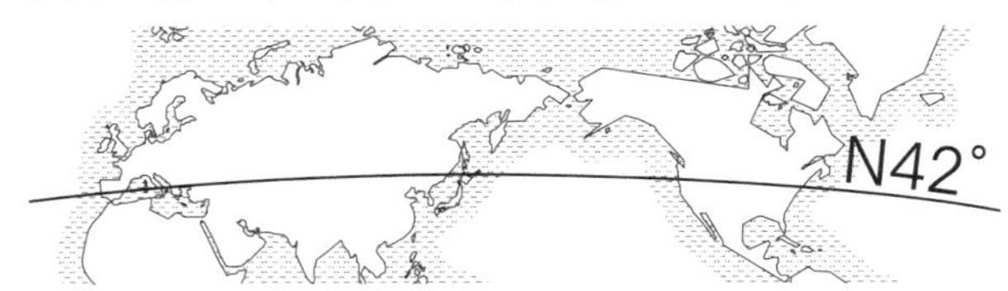

「自然や気候が似ていると、同じ作物が育つから」「北海道をアメリカのようにしたかったから」「酪農やビール工場は、今も北海道を代表する名産品になっている」「アメリカから来た人たちに教えてもらったから、今の北海道がある」と気付くことができました。

北海道開拓使のマークは北極星を表す赤い星です。「アメリカから来た人たちが多いから、北海道は、時計台や豊平館のようにアメリカっぽい建物が多い」という意見もありました。

授業のまとめは、「アメリカ北部を手本とすることが、北海道のよさを生かすことになった」と板書。お雇い外国人から学んだことは、技術の導入に留まらず、当時の日本の富国強兵や文明開化につながり、北国札幌の文化や教育の素地をつくることにもなったのだという深い学びにつながる実践となりました。

「発想の転換」は、どこに向かっていくのか

教材化における「発想の転換」とはどのようなものか、ここまで3つの実践例を挙げました。改めて私たちの大切にしている「発想の転換とは何か」を定義するならば、次のように言えると考えます。

> 社会科の教材化における「発想の転換」とは、社会的事象を視点を変えて観ることにより、マイナス面をプラス面に、スモールプラス面をラージプラス面に捉え直したり、見直したりすること。
>
> それにより、その社会的事象の意味や価値がより浮き彫りになること。

教師は、「発想の転換」を意識して教材化を行い、子供に「発想の転換」を迫る関わり（気付きを促し、新しい視点を与える働きかけ〜発問や資料提示など〜）をします。そうすることで、子供は、主体性をもって積極的に授業に参画する意欲や態度が促進され、自ら動き、他者と関わり、協働的に学びを深めます。一人一人にそうした学びが成立することにより、学級全体の追究として、大きなうねりのあるダイナミックな授業が展開されるのです。

＊

発想の転換の向かう先は、目の前の子供たちが生きていく未来社会です。新型コロナウイルス感染症はどうなっていくのでしょうか。自然災害の防止や地球温暖化等の環境問題、資源エネルギー問題等、持続可能な社会の実現はどうなっていくのでしょうか。異文化理解や伝統文化の尊重、ジェンダー問題等、調和や多様性が求められる共生の文化を創造する資質・能力は、小中7年間の社会科学習で、どこまで身に付けられるのでしょうか。

予測不可能な時代だからこそ、実践を通して発想を転換する力を鍛えていきたいと考えます。

第2節

発想の転換を迫り、子供を揺さぶる本時の問い

「主体的、対話的な深い学び」は、言わずもがな学習指導要領が求める授業改善の視点です。その手立てこそ、「授業を通して『発想の転換』を迫り、子供を揺さぶる仕組みをつくることだ」と私たちは考えています。

そこで、研究授業においては、とりわけ、それが色濃く見える「社会的事象の意味を考える本時の問い」にこだわり、授業を構築しています。

体験的活動を通して、子供を揺さぶる本時の問い

ある1枚の指導案と出会ったときの衝撃を忘れられません。体錬科「薙刀」。指導上の注意「一刀必殺の気魄を以てなすことにより、手の内の締り、体の開きにより、一杯に切らしむ」。昭和19年10月13日「北海道小学校教育研究大会」にて公開された授業の指導案です。

昭和19年10月と言えば、終戦の10か月前。空襲警報が鳴り、「欲しがりません、勝つまでは」と言われた時代です。この授業の会場校は、当時の北海道第一師範学校女子部用附属国民学校。現在の札幌市立幌南小学校です。

幌南小学校で6年生を担任していた私は、校内に保管されていた膨大な資料

階段	課目	方法	指導上の注意
始の鍛成	集合整頓、立禮、開列、抱刀、構刀、中段、體の運用、前後進	四列縦隊（立刀の姿勢） 比較的少人数なれば授業者の視野におさめ、自由に斬突をなし得るに必要なる廣さをとらしむ 教師との相對にして教師の体の運用に應じて水平に体を移動す 左右共になす 面斬撃を緩速度でなし刃すじを正す。 速度を變へてなす （面の部位、水平まで極限まで）	敏速に 各自が教師に着眼注目し体を十分向き、油断せざること 号令をなるべく少くする 大きく真直に
中の鍛成	打突 面 [illegible] 脛 脛の連続斬撃	教師對児童の相對にて体の運用を伴ひてなす（左右共に） 教師の隙を発見するや直に斬り込ましむ 打込棒に對する斬撃 固定した位置にてなす 体の運用を伴ひてなす 斬撃の部位を判断せしめ臨機に斬らしむ 教師對児童の相對 前進斬り、後進斬り、その場斬りの速度に変化をつける 四列縦隊より児童相互の相對に移る 合ひ斬り 應じ方をつける 「ヤア」の氣合をかけて斬りこむこと 左右面と脛の連続斬撃との組合せ 個人指導 對者を適宜交代せしむ	腕の力ではなく體を開きて一杯に斬る 適當なる間合ひをとること 一刀必殺の氣魄を以てなすこと [illegible]手の内の締り、体の開きにより一杯に切らしむ 刃すじの正し方を正確に 体勢を大きく 八相の構を正しく 隙なきは早きのみにあらず体の開きにあることを感得せしむ 攻撃の氣魄をこめて[illegible] 斬撃の部位を明かにする 間合ひを正確に
終の鍛成	基本斬突 三段斬突 抱刀、立刀 禮	自由に斬突し得る隊形をとる 教師對児童の相對にて斬突する 交替 四列縦隊に整列 薙刀の整理	三段斬突は氣を抜かず一氣に斬りこむこと 敏速にていねいに

から、上記の指導案と薙刀授業の写真を見付けたのです。指導案は、過去の研究大会の記録、写真は、昭和 19 年度卒業アルバムからの発掘でした。

当時の教師は、本気でこのような教育をしていたのだ。そして、この学校の体育館で、30 年前に、この授業が、研究大会の授業として公開されていたのだということに心が震え、この資料を「20 年も続いた戦争」の中心教材に据えた教材化を行いました。

実を言うとこの教材は、「たまたま見つけた」ものではありません。山中恒著『子どもたちの太平洋戦争―国民学校の時代』（岩波新書、1986 年）によると、戦時下の国民学校は本当に戦争一色で、当時の子供たちは少国民として、その時代を生き抜いたことが書かれています。昭和 8 年開校の幌南小学校ならば、国民学校時代の資料が残っているはず。自校の歴史的事実に基づく社会的事象を扱うことで、子供の心に訴えかける教材化ができるに違いない。目の前の子供に、戦争とはどういうものか、その意味を深く自分事として考えてほしいと思っての教材化でした。

実際の授業における、単元を貫く学習問題は、「戦時下の暮らしはどのような暮らしだったのか」で、社会的事象を考える本時の問いは、「当時の 6 年生は、どのような気持ちで『なぎなた』の授業を受けていたのだろう」です。

教室には木でつくられた薙刀を持ち込みました。何人かの子供に、指導案の記載どおりに薙刀を振るう体験的活動を行いました。子供は、「これを書かれているとおりにやるのは辛い」「学校だけど軍隊のよう」「この学校に通っていた子は、今は、おばあちゃんと同じくらいの年。体育館で60年前にこんな授業をしていたってことがショック」と発言しました。

話し合いは、「本当に本気で上陸してきた銃をもつ相手と薙刀で戦うことを想定してやっていたのだろうか」「やりたくないけどやらされていたという子はいなかったのだろうか」「でも、事実として、全員の構えがびしっと揃っている」等と、写真の中の当時の6年生女子児童の姿に、子供は自分を投影していきました。

話し合いが進んでいく中で、「マインドコントロール?」というつぶやきが聞こえました。「この授業が当たり前って…怖い」「戦争は、子供の心もこわす」という発言が話し合いのまとめとなりました。

授業の終盤に、子供の思考を確かにする一手となると考え、次の補足説明をしました。「この授業をした先生から、このときは本当に本気で教えていたと聞きました。そしてこの方は、戦争が終わった後、とっても悩んだと言われていました。ご退職されたのは、戦争が終わって10年が経ってからでした」

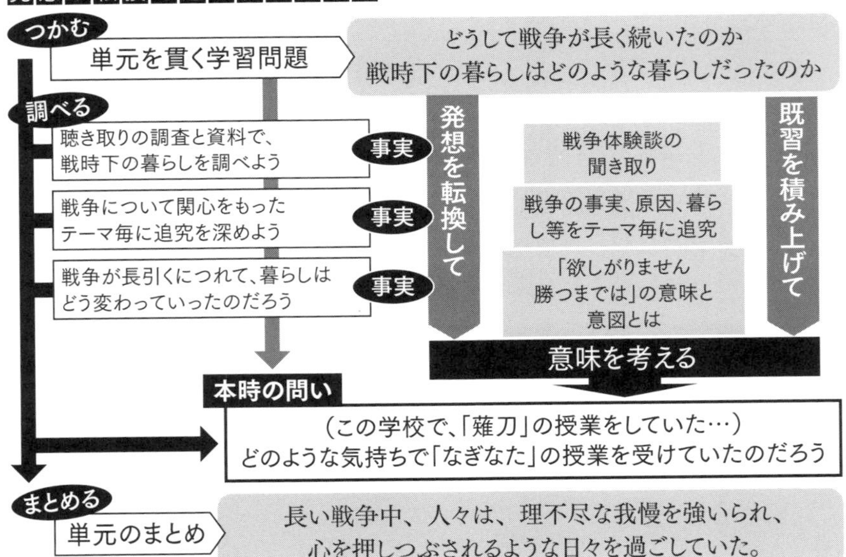

教師が、自身の魂が揺さぶられる教材と出会い、これを子供に教えたい、考えさせたい、という思いの下、「発想の転換」を迫る教材化を行うことで、子供の心が揺さぶられ、指導案の想定を超える姿が現れるのです。

リアリティー溢れる場を想定し、子供を揺さぶる本時の問い

「〜のはずなのに、なぜ（どうして）○○なのだろう」という文言は、社会的事象の意味を考える本時の問いの王道です。それは、「〜のはずなのに」という言葉の中に、子供の「常識（あたり前）」を揺さぶり、問題意識を高める要素があるからです。

子供が日々の生活の中で触れる社会的事象。そこに改めて疑問をもたせるためには、教師が疑問をもたせる仕組みをつくらなければなりません。私たちはそれを「ズレをつくる」と呼んでいます。ズレから問題意識が生まれて、「えっ、あれ、どうして」と追究がはじまるのです。それがないところに子供に発想の転換を迫る学びはありません。

中学年の社会科では、子供にとって身近な社会的事象を取り扱うことで、子供の目は輝き、探究心に火が点くことがよくあります。

3年生「火事からくらしを守る」の単元において、火事という社会的事象を子供が自分事として引き寄せることができるように、学校の理科室で火事が起きたというリアリティーあふれる場の設定をした教材化の授業です。

単元を貫く学習問題は、「火事から命を守ったり、火事を減らしたりするた

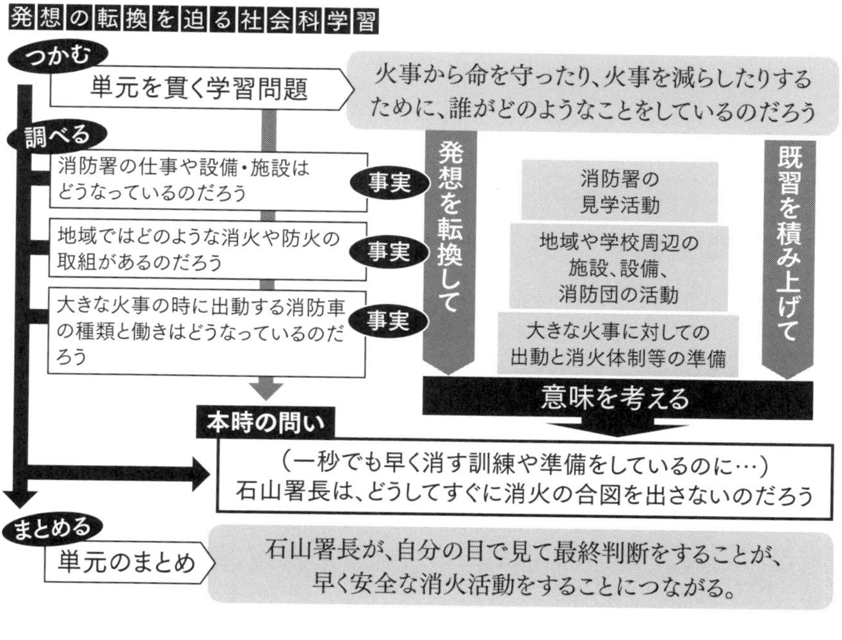

発想の転換を迫る社会科学習

めに、誰がどのようなことをしているのだろう」です。

社会的事象を考える本時の問いは、「石山署長は、どうしてすぐに消火の合図を出さないのだろう」です。

子供は、前時までの学習を通して、消防士は一秒でも早く消火するために、日常の訓練や計画や設備投資をしていることを学んでいます。「第一出動で消防車も到着しているのに…」「(避難訓練では) 5分以内に安全なグラウンドにみんな避難できているのに…」と、火事での常識（あたり前）が揺さぶられたのです。

子供たちは、実に様々な視点から意見を発表していました。

「逃げ遅れた人がいないのかを確かめている」「教頭先生に、学校の中に人がいないか聞いている」「ほかに燃え広がっているところはないか、どのように燃えているのか、火の根元を確かめている」「理科室に爆発しそうな物や有害な煙を出すような物がないかを聞いている」「署長さんは指揮車の人だから、消防士の人も被害にあわないように指示を出すようにするにしている」「学校の周りに通行人がいないかどうか」「炎や風向きで水のかけ方を考えている」等々黒板上に貼られた、校舎とグラウンドを上空から俯瞰した写真を指差しながら、イメージを膨らませ、「早くというだけではなく、早く＋安全にということが大切」ということに気付くことができました。

自分事として火事を捉えた子供たちに、「もし、火災を見たら…」どうするかを考えさせる意図で、次の発問をしました。

「ここまで現場で確認するのだったら、119番に電話するとき、火事の様子を詳しく話す必要はあるのでしょうか？」

火事を消す人たちだけじゃなく、通報する人、避難する人、現場の近くにいる人、火事現場では全ての人たちの行動が、安全な消火活動に必要だという理解につながっていきました。

「リアリティー溢れる」教材化とは、子供がその社会的事象の中に自分を置いて、どこまでイメージを膨らませることができるかを求めるものです。

特に中学年の子供は、資料を読み取るだけではなく、消防署や警察署、清掃工場や下水処理場、スーパーマーケットや地域の田畑、食品工場、石碑や昔の様子が分かる資料館等へ、実際に出かけ、見たり、人に話を聞いたりしながら学ぶことで、社会科の学習をすること自体が「楽しい」と感じられるようになるのです。

ICT を駆使して考えることで、子供を揺さぶる本時の問い

令和３年、GIGA スクール構想により一人一台タブレットが実現しました。これにより学びの幅は大きく広がりました。もちろんこれまでも ICT を活用した授業は実践されていましたが、その多くは、導入での資料提示やそれぞれの調べ学習に利用したり、グループでまとめたことを発表したりするときの活用にとどまるものでした。

これからは、授業の中で、とりわけ本時の問いを追究する場面で、子供が自由自在にタブレットを使い、情報を生かした学びを展開する授業構築が試みられることになります。

５年生「情報化した社会と産業の発展」の単元では、子供が札幌市で導入した「バスロケーションシステム」に入り、リアルタイムで利用し、その利便性を考える学習を構築しました。

この実践は、札幌市まちづくり政策局総合交通計画部が作成した「わたしたちの公共交通」という副読本を使ってのものです。副読本や授業をつくるにあたっては、札幌市と交通事業者、教育委員会、教職員がタッグを組み、新たなチーム「札幌らしい交通環境学習プロジェクト」を立ち上げて進めました。

発想の転換を迫る社会科学習

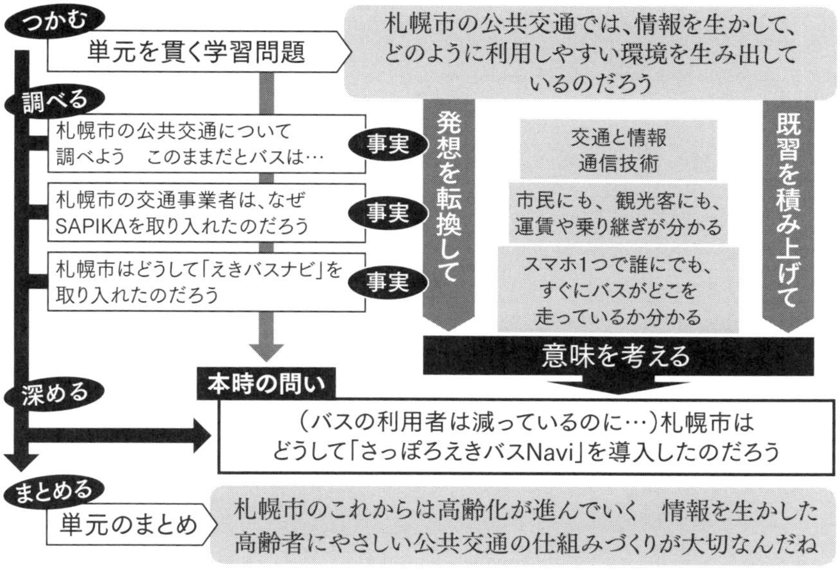

つかむ
単元を貫く学習問題
札幌市の公共交通では、情報を生かして、どのように利用しやすい環境を生み出しているのだろう

調べる
札幌市の公共交通について調べよう　このままだとバスは…（事実）
札幌市の交通事業者は、なぜSAPIKAを取り入れたのだろう（事実）
札幌市はどうして「えきバスナビ」を取り入れたのだろう（事実）

発想を転換して
既習を積み上げて
交通と情報通信技術
市民にも、観光客にも、運賃や乗り継ぎが分かる
スマホ1つで誰にでも、すぐにバスがどこを走っているか分かる
意味を考える

深める
本時の問い
（バスの利用者は減っているのに…）札幌市はどうして「さっぽろえきバスNavi」を導入したのだろう

まとめる
単元のまとめ
札幌市のこれからは高齢化が進んでいく　情報を生かした高齢者にやさしい公共交通の仕組みづくりが大切なんだね

単元を貫く学習問題は、「札幌市の公共交通では、情報を生かして、どのように利用しやすい環境を生み出しているのだろう」で、社会的事象を考える本時の問いは、「(バスの利用者は減っているはずなのに…) 札幌市はどうして『さっぽろえきバスNavi』を導入したのだろう」です。

本時の問いを追究するにあたって、子供たちはクロームブックを使って、まず、バスロケーションシステムに実際に入りました。

「経路検索は、出発地と到着地を入れると、すぐ出てくる」「急いでいるときに便利」「はじめて行く場所でも迷わない」「すごい！バスマップは、リアルタイムで動いている。赤と黄色と白で、どの会社のバスがどこを走っているかが分かる」「バス停がどこにあるかが分かるから、知らないところに行っても安心」「何時頃バスが来るか分かるから、バス停で長い時間待たなくてもよくなる」「雨の降る日や冬は、ありがたい」「地図の中に車椅子マークがある」「高齢者や身障者にやさしいバスだ」等、誰にとって、どのように便利なのかについて、視覚的に理解し、意見交流で深めていくことができました。

「利用者は減っているけど、お年寄りの利用者は増えているかもしれない。どうしてかというと、高齢者は運転ができなくなっていくし、バスは便利になっているから、利用したくなると思う」という意見が出たところで、「札幌市の人口予想のグラフ」を提示しました。グラフには、未来の札幌市の高齢者の占める割合が増えていくことが表されています。

子供は、そこから、札幌市がバスナビゲーションシステムを導入した理由を、「人口は少しずつ減っていったとしても、お年寄りは増えていく。だからこれからの札幌市にとって、大切な情報システムになると思う」「お年寄りだけではなく、便利にバスが使えるようになれば、車を運転する人が減ると思う」等、「社会的事象の裏側にある意味」に迫ることができました。

「発想の転換を迫る」ことは、「見方・考え方を鍛える」こと

「発想の転換を迫り、子供を揺さぶる本時の問い」について、3つの事例を挙げました。そこには共通して、「～のはずなのに、なぜ（どうして）～なのだろう？」という子供にとって切実な問題意識を生み出す仕組みがあります。

教師が提示する中心資料は、具体物、写真、絵、グラフ、年表、地図、文章など様々です。子供はそこからどのようなことを読み取るのか、その資料と結び付く生活経験や既習はあるのか、本気の追究活動が生まれるかを考え、構造的に問いをつくります。

私たちの求める「社会的事象の意味を問う本時の問い」は、こうした深い意図をもち、「この単元で、こうした考え方を獲得させるのだ」という教師の強い意志が背景にあるのです。

問いを追究する中で、子供は、事実と事実を関係付けたり、他者の考えを自分と比較したり関係付けたりして立場の違いや多様な視点に気付き、対象のもつ社会的事象の意味を次第に肉付けしていきます。

その上で本時の後半に、「吟味」「検証」「再考」する場を設定します。新たな資料の提示や教師による発問で、子供の思考はもう一度揺さぶられ、社会的事象をより自分事として捉え直し、その意味や価値を問い直して、さらに学びを深めていく、これが、私たちが求める「研究授業だからこそ公開する本時1時間の学び」です。

＊

ここまで、あえて「社会的な見方・考え方を働かせる」という言葉を使わずに「発想の転換で問題を解決する社会科学習」として述べてきました。それは、「発想の転換を迫れば、必然的に見方・考え方が働くことになる」と考えるからです。

その上で、私たちは「見方・考え方を働かせる」のはもちろんのこと、「見方・考え方を鍛える」という言葉を使っています。「発想の転換を迫る」授業を積み重ねていくことで、子供は、見方・考え方を働かせる学びを繰り返し体験し、他の場面において汎用できるようになるのです。

つまり、見方・考え方は、育てるものではないが鍛えることはできる、「発想の転換で問題を解決する社会科学習」を行うことは、子供の「社会的な見方・考え方を鍛える」ことになる、という主張なのです。

第３節

発想の転換を迫り、見方・考え方を鍛える教材化のテーマ

私たちは、子供たちに発想の転換を迫るような学習を繰り返すことで子供たちの見方・考え方は鍛えられていくと考えます。

第３節では､子供たちの見方･考え方が鍛えられるような教材化を４つのテーマから見ていくとともに、この４つのテーマを意識した教材化がどのように効果的なのか、具体例を通して見ていきたいと思います。

小学校社会科の見方･考え方（｢社会的事象の見方･考え方｣）は、文部科学省『小学校学習指導要領解説　社会編』において次のように示されています。

> 「社会的な見方・考え方」は、課題を追究したり解決したりする活動において、社会的事象等の意味や意義、特色や相互の関連を考察したり、社会に見られる課題を把握して、その解決に向けて構想したりする際の視点や方法であると考えられる。そこで、小学校社会科においては、「社会的事象を、位置や空間的な広がり、時期や時間の経過、事象や人々の相互関係などに着目して捉え、比較・分類したり総合したり、地域の人々や国民の生活と関連付けたりすること」を「社会的事象の見方・考え方」として整理し、中学校社会科、高等学校地理歴史科、公民科においても、校種の段階や分野・科目の特質を踏まえた「見方・考え方」をそれぞれ整理した。その上で、「社会的な見方・考え方」をそれらの総称とした。

これまで述べてきているように「一見マイナスのことでも、視点を変えて捉え直してみることで、プラスに捉えることができる」という「発想の転換」をもとにした教材観で単元を考えていくことで、子供たちの思考が深まると私たちは考えています。

社会的事象を取り上げる際、その裏側には必ず人々がどのように考えてそうしたのか、意味が隠れています。

この社会的事象の裏側にある人々の営みの意味を調べて考える学習を「社会的事象の特色や意味を考える学習」と位置付けているわけです。

この「社会的事象の特色や意味を考える学習」では、「～のはずなのに、なぜ？」という問い（発問）が有効です。一見すると「あれ？」と思う人々の営みを扱うことで、「なぜ発問」を有効にするのです。大事なのは、この「～のはずなのに」という部分です。子供たちが学習問題の設定から学習計画を立て、調べていく中で、一定程度の理解が進んでいきます。この「一定程度の理解」の積み重ね（既習の積み上げ）とのズレがあるような社会的事象を取り上げることが、子供たちの思考を深めることにつながるのです。そこで、子供が「社会的事象の見方・考え方」を働かせて学ぶ教材化を、私たちの「発想の転換を迫る」教材化と照らし合わせて考えてみます。

北海道素材の教材化から発想の転換を迫る

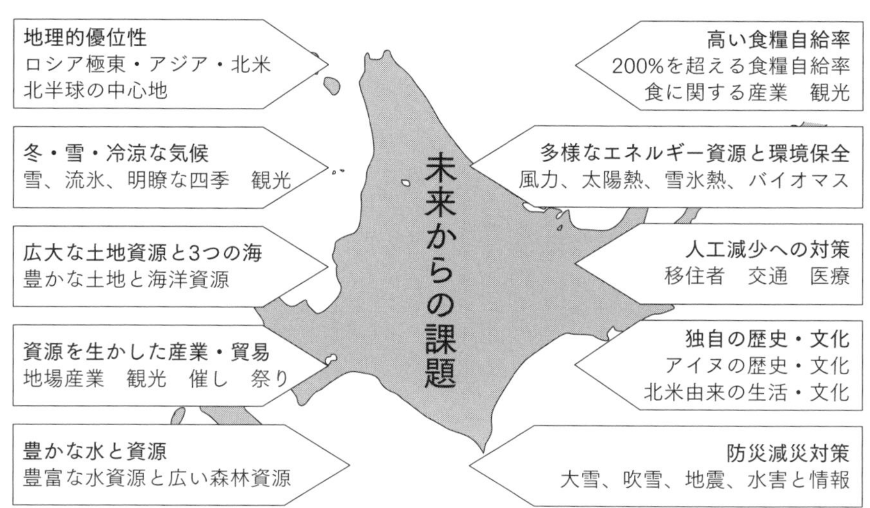

これまで私たちは、「北海道」としての特色、独自性、優位性、潜在性や可能性にも着目しつつ、人口減少、高齢化などの課題、持続可能な社会の構築につながるような素材の教材化を行ってきました。

北海道の地域素材を、「自然」「資源」「生活文化」等のキーワードを意識しつつ、3、4年生だけではなく、5年生6年生でも全国の典型事例とできるように吟味しての教材化です。

例えば、「資源を生かした産業」というキーワードから、5年生「水産業のさかんな地域」を教材化するとします。我が国の漁業生産量の20%を北海道が占めているという事実の提示を行うとともに、子供たちが、魚が届くまでの経路を予想してみることで、分からないことがたくさん出てきます。そのような疑問から単元の学習問題を設定します。

単元を貫く学習問題は、「水産業に携わっている人たちは、どのように魚をとり、消費者に届けているのだろう」と設定し、学習計画に沿った形で、一時間一時間の問いの構成についても単元を貫く学習問題とつながるようにしていきます。

単元の後半部分に設定する「社会科的事象の意味を考える問い」は、どんなテーマから教材化をするかによって大きく変わってきます。

例①（漁師さんはたくさんのウニを取りたいと思っているはずなのに）

「なぜとったウニの中から海に戻してしまうものがあるのだろう」

例②（大きな網で一度に水揚げする方が効率的なはずなのに）

「○○さんは、養殖サバをどうして一尾一尾たもですくっているのだろう」

例③（漁師さんは海で仕事をするはずなのに）

「○○漁港の○○さんは、どうして土地を自分たちで購入してまで、山に木を植える活動を続けているのだろう」

子供たちは単元の学習問題をもとにした学習計画に沿って、我が国の水産業について、遠洋漁業、沖合漁業、漁法や網などの道具、漁船の様子などから、漁師の方々がたくさんの魚を捕るために様々な工夫をしていることを学んでいます。

例①は「漁獲量を調整する取組」に着目した教材例ですが、「持続可能」というテーマから教材化した学習です。

全国的に有名になりましたが、北海道の礼文町はウニがたくさん水揚げされ、昆布とともに、礼文における主力の水産物となっています。

単元の学習計画に沿って様々な漁法について子供たちが調べて行く中で、「捕る漁業で漁師は、たくさん捕ることができるように、様々な工夫をしている」ことを調べ、知識を積み重ねていきます。例えば、サンマ漁では、集魚灯を使って棒受網で一度にたくさん捕りますし、イカ漁では、プログラムされた「しゃくり」がベテランの漁師と同じ動きにプログラムされ、自動で巻き上げていく

「イカロボエース」を使った漁でたくさんのイカを水揚げします。どの漁師も「たくさん捕る工夫」を一所懸命にしているのです。

そのような学びの積み重ねがある子供たちに、日によっては捕ったウニの一割程度を海に戻してしまう漁師さんの営みを提示します。驚くことに礼文の漁師さんたちは船の上に上げたウニをどんどん海に戻すのです。その際に使うのは、缶コーヒーの上蓋と底を切り抜いた空き缶です。缶コーヒーの缶にぎりぎり通る大きさのウニは海に戻しているのです。

「漁師さんはたくさん捕る工夫をしているはずなのに、なぜせっかく捕ったウニを次から次へと海に戻しているのだろう」という問いが生まれます。

北海道漁業調整規則では、4 cm 以下のエゾバフンウニは漁獲しないこととなっていますが、上下を切り抜いた缶の内径はおよそ 4 cm 5 mm ですから、船泊漁協ではさらに厳しい自主基準を設けているのです。

子供たちの追究の財産は今までの調べたことが全てですから、この社会的事象を提示するために、教師は、単元の中で意図的に漁獲量が減ってきている事例を調べる場を設定しておくのです。子供たちはそういった追究の財産と缶コーヒーの空き缶を使うという情報を併せて考えながら、

「小さいウニを海に戻しているのではないだろうか」

「小さい魚を捕っちゃうと次の年はもっと小さくなると調べたよ」

「礼文のおいしいウニを将来もずっと日本全国の人たちに食べてほしいって思っている」と、時間的な見方・考え方を働かせて考えることができるのです。

ほかにも、同じような展開としては「34 センチと 35 センチ、たった 1 センチしか違いはないのに、○○さんは、どうして 35 センチ未満のヒラメを海に逃がしてしまうのだろう」という問いが生まれるような社会的事象を教材化した展開も考えられます。

このように、持続可能な漁業に向けた漁獲量の調整については、たくさんの社会的事象を取り上げることができます。

サロマ湖の直播ホタテも、漁獲するエリアを漁協と地元の漁師が相談して、年ごとに変えています。

「収入が少なくなってしまうはずなのに、なぜサロマの漁師さんたちはホタテを捕る場所を自分たちで制限してしまうのだろう」

このような問いは、様々な社会的事象に置き換えることができるでしょう。天塩漁協はハマグリほどもある大きなシジミが有名ですが、年によっては漁獲

高を半分程度にするような漁業調整を行い、資源の保護を行っています。

「水揚げ量がいつもの年の半分になってしまうのに、なぜ天塩の漁協では年によってはそれ以上取らないことにするのだろう」

先ほどの礼文町船泊漁協では毎日の水揚げ時間をたった1時間にしたり、8月末の北海道漁業調整規則で決められている漁期を自主的に毎年8月12日までに自主規制したりして､資源保護を図る取組を長年続けています。ほかにも、自主規制に関わる取組では鵡川漁協が資源保護のために、毎年、シシャモの漁を遡上ピーク予想日の前日に漁をやめる取組を続けています。

すべて「持続可能」というテーマから教材化したために質の高い「問い」を生むことができたのです。「漁獲量や漁獲高よりも、資源保護、環境保全が大切なのだ」と、発想の転換を迫る教材化と言えるでしょう。我が国の水産業について「持続可能」というテーマで教材化した例です。

例②は養殖サバのブランド化を図り、付加価値を付ける漁師の営みで､「ニーズ」というテーマから教材化した事例です。子供たちは単元の中で、大きな網でたくさん捕る漁法を調べています。それなのに、長崎県の漁師○○さんは養殖しているサバを一尾一尾丁寧にたもですくい、すぐに処理をして、一尾一尾発泡スチロールに丁寧に梱包し、すぐに料亭に運びます。養殖サバに「付加価値を付ける」取組です。水揚げした水産物を選別して、ブランド化を図っている例を調べている子供たちもいることでしょう。近年北海道の各漁協は「歯舞一本立ちさんま（さんま）」（歯舞漁業協同組合）や、「銀聖（鮭）」（日高定置網漁業協同組合）などのように、ブランド化を図る事例が多くなっています。子供たちが単元の中で「ブランド化に取り組む漁協の営み」についても調べられるように単元を構成することで、「社会的事象の意味を考える問い」について考えを深めたり、広げたりすることが可能になってきます。

北海道常呂漁協の植樹活動の様子

例③は「人々が地域に貢献するために協力している」事例です。「貢献」というテーマからの教材化と言えます。

全国的に、漁協が中心となって、植樹運動をしている事例はとても多いです。この学習例も全国どこでも同じような教材化が可能です。

北海道では、昭和63年に北海道漁協婦人部連絡協議会（現女性部連絡協議会）が「おさかな増やす植樹運動」をはじめました。令和元年度には全道各地の57もの漁協女性部が取り組んでいる活動です。

この活動は、平成10年に「全国漁民の森サミット」が東京で開催された際に紹介され、その後全国各地へと活動が広がったものです。「森は海の恋人運動」などが有名です。

子供たちは学習計画のもとに漁師の仕事ごよみなどを調べています。そこに「次の写真は、漁業を営むある漁師さんの仕事の様子です。何の仕事でしょう」と発問して、提示します。

子供たちは口々に「山に何かを植えているよ」「本当に漁師さんなの？」とびっくりすることでしょう。そこで「漁師さんは海で仕事をするはずなのに、なぜ山に木を植えているのだろう」という問いが生まれるのです。「わざわざ山を買ってまで行っている」という事実を付け加えると、子供たちの驚きはさらに増し、追究意欲が高まります。

岩手県宮古市の重茂漁協では、長年地域ぐるみで合成洗剤を使わないように申し合わせています。東日本大震災で大きな被害に遭った地域ですが、震災前も震災後も変わらず海を守る活動を続けています。

合成洗剤を使わないということは、普段使っている台所用洗剤や洗濯洗剤、入浴時に使うシャンプーやボディソープの類まで全て使えなくなってしまうことを伝えて、「漁師さんの直接の仕事と関係なさそうなのに、なぜ漁協が合成洗剤を使わないことを呼びかけているのだろう」という問いが生まれるようにします。

「おさかな増やす植樹運動」の資料提示と併せて「重茂地域は、『合成洗剤を絶対に使わないこと』を申し合わせています。ご協力をお願いします」という看板を提示することで、子供たちは人々の協力関係に着目し、相互関係的な見方・考え方を働かせながら考えることができ

るのです。

（佐野・2021「発想の転換から、社会的事象の意味を考える水産業のオススメ発問『○○なのになぜ？』より一部引用及び改変」）

発想の転換から社会的事象の特色や意味を考える学習を、他の単元はもとより学年が変わっても変わらずに大事にすることで子供の見方・考え方も鍛えられていくのだと考えています。

どの事例を見ても、その裏側には一朝一夕ではたどりつけない、困難を乗り越えるまでの試行錯誤や時間、人との関わりが必ずあります。だから、子供にとっての切実な問い「～のはずなのに、なぜ～なのだろう」が生まれてくるのです。

本書第４章では子供の追究が向かうべき方向、つまり「発想の転換」を迫る際に着目すべき「視点」を「社会認識のための教材化の視点」と「社会参画のための教材化の視点」の大きく２つに定め、それぞれ「ニーズ」と「立場」、「持続可能」と「貢献」というテーマのもとに教材化を図った実践例を紹介しています。

「発想の転換を迫る」教材化のテーマ

教師が教材化するための視点として、以上の４つのテーマを上げたのは、新型コロナウィルス感染症の広がりにより、「共生」「共存」が今までよりいっそう大切であることが改めて明らかになってきているからです。そんな今だからこそ、人々の営みを学ぶ社会科を大切にしたいと私たちは考えているのです。

北海道社会科教育連盟の研究部による「研究主題解説」では、以下のように示しています。

> 今こそ、人の営みを学ぶ「社会科」の出番である。社会科で取り上げる人の営みは、社会をよりよくするための営みである。困難や課題を克服したり解決したりする営み、新たな価値を生み出す営み、持続可能な営みなど、夢や希望があふれる営みがたくさんある。それらを学ぶことが社会科の醍醐味であり責務でもある。地球規模の問題をすぐには解決できないが、まずは目の前のこと、愛する地域のことから考え行動する。そのような人の営みを取り上げる教材化は、私たちが強みとしてきたことである。
>
> 「北海道社会科教育連盟研究紀要」より抜粋

できないもの、非効率的なもの、一見すると妥当性のないもの、実現不可能に思えるものの中にも、価値を見いだし、それらを今までの捉えとは角度や方向を変えて見ることで、全く違った見方に見えてくるのではないでしょうか。

例えば、農家の跡継ぎが少なくなっている問題をどのように解決するのかを子供たちに考えさせている実践をよく見ます。

「どうしたらいいのだろう」と乱暴に問いかけ、子供たちは一所懸命考え、「お米をたくさん食べる」「後継者が増えるように道の駅に農家募集のポスターを貼る」などの意見を出していく授業を見たことはないですか？　このように、大人でもなかなか解決できない「社会問題」を安易に子供たちに投げかけている例がたくさんあるのではないでしょうか。

「日本の自動車産業はこれからどのようにしていくべきなのだろう」

「世界の温暖化問題にこれからの市民として何ができるだろう」

「日本の少子高齢化問題を解決するための政策を考えよう」

これらは、大人たちが一所懸命に知恵を絞って考えてもすぐには解決できない「社会問題」です。それを子供に問うたとしても、表面的な浅い思考にとどまってしまうでしょう。

我々がしなければならないのは、次のような教材化ではないでしょうか。例えば、個人で導入するのが難しいスマート農業を地域の農家が声をかけ合い、大学や農協が間に入りながら導入を目指す。一見すると今までの方法で収益が出ているにもかかわらず、みんなにとって面倒だったり、多額の借金を抱えながら導入することには、妥当性がないようにも思えます。しかしながら、一人でできないものを多くの力を合わせて行うことを教材化し、そういう学習をしていくことこそ、共生、共存の社会を生きる人材育成につながると考えます。

昨今、「親ガチャ」という言葉に代表されるような、格差社会を彷彿とさせる言葉をよく見かけるようになりました。排除の文化は人々の分断をもたらします。私たち北海道社会科教育連盟が考える未来志向の社会科学習は、このような分断に甘んじることなく、未来を創る子供を育てる学習なのです。こうした教材観をもって、教材化をした学習を繰り返していくことで、次世代の社会の形成者となる子供たちの社会的な見方・考え方が鍛えられていくのではないかと考えています。

そのような教材化の際に必要な教材化の視点について考えてみます。

付加価値、需要、価格、大量生産、多品種少量生産、品種改良、商品開発等

に関わる内容を教材化する際には、「ニーズ」というテーマからの教材化であると言うことができます。

例えば、札幌のラーメン文化の発展に大きく寄与した西山製麺では、ラーメンのまち札幌の市民が自分の好みに応じた麺を自宅でも食べられるようにと、通常の「ラーメン」の一食当たりの値段が倍もする「特別麺」を1日1000食限定で製造しています。通常の麺が1日7万5千食の製造ですから、その少なさが際立ちます。また、第4章の実践事例にも登場しますが、各ラーメン店の求めに応じて、少しずつ違う麺を200種類も製造し、納品しています。そのような消費者の「ニーズ」に応える営みを教材化していきたいと思うのです。

特別麺シリーズ「熟成麺」

通常の「西山ラーメン」

また、消費者と販売者、生産者と販売者、老人と若者、政府と民衆といった事象からは「立場」というテーマからの教材化ができそうです。

例えば「聖徳太子」と「隋の皇帝煬帝」という立場から教材化を行うことで、「聖徳太子がわざわざ天子という言葉を使って国書を送った」歴史的事象の意味を考える問いを生むことが可能になります。その意味を考え、さらに聖徳太子が「東の天皇敬しみて西の皇帝に白す」と「天皇」という言葉を使って再度返礼書を送ったことを提示し「隋と対等な関係を築きたい」と願った聖徳太子の営みに迫ります。この「ニーズ」と「立場」という2つのテーマは理解に関わる視点です。理解に関わる視点としては、時間・空間・関係という見方・考え方が学習指導要領では挙げられていますが、5年生の産業学習などの際により一層視野を広げる視点として、「ニーズ」や「立場」という視点からの教材化も考えていきたいと思います。このような

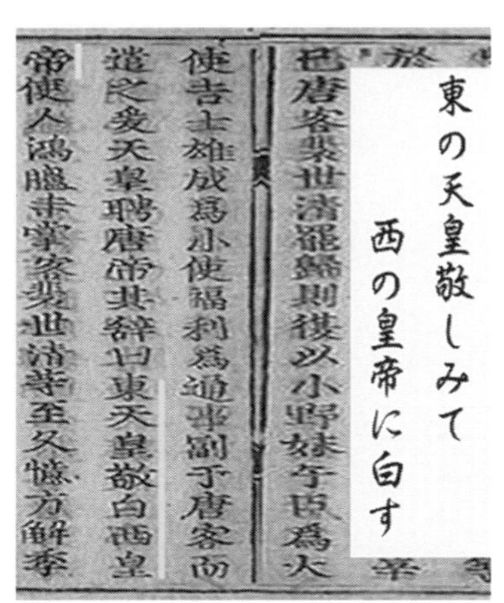

日本書紀　巻第二十二　推古紀　國學院大學デジタルライブラリより

理解に関する視点を**【社会認識のための教材化の視点】**としたいと考えます。

さて、理解にかかる視点とは違い、子供たちが議論し、考えを深めることを促す視点もあるのではないでしょうか。この視点は、子供たちが選択・判断するための「追究の視点」であるとも言えます。

例えば日本が行ってきた中国に対する「草の根無償資金協力」を持続可能な友好関係の構築という教材化の視点で取り上げてはどうでしょうか。

草の根無償資金援助で建て替えられた陝西省靖辺県日中友好東杭中学校
出典：『政府開発援助（ODA）白書　2004年版』 第Ⅰ部第2章第2節

他国へのODAは他国のためだけではなく、その国との友好関係を築き、未来へ向かっても関係をつなげていくことから、我が国のためになるのだと考えられる学習になるのではないでしょうか。この視点を**【社会参画のための教材化の視点】**としたいと私たちは考えています。この視点は、

「持続可能」：保護、保全、持続的な発展、品種改良、変化、進展、改善

「貢献」：妥当性、効果、実現可能性、自助・公助・共助

などです。この視点は、子供たちが自分たちの考えを議論し、さらに考えを深めることをねらっています。未来志向の社会科の教材化として重要な視点だと考えます。

教材化は、どの視点からその社会的事象を見るかで、まったく違う教材化となります。今あげたような教材化の視点を意識するということは、教師の側に教材化の軸をもつということになります。何を学ばせたいのかがはっきりした教材化になっていくのです。このように「発想の転換」という教材観から、教材化の視点を「社会認識のための教材化の視点」「社会参画のための教材化の視点」とし、４つのテーマを意識してそれらを教材化すれば、共生の文化を大切にする子供たちを育て、子供たちが生き生きと追究を続ける社会科の学習となります。可能な限り様々な単元を「発想の転換」という教材観から「教材化の視点」を念頭に教材化します。それを学年が変わってもずっと続けていくことで子供たちの見方・考え方を鍛えることにつながるのです。

第２章では、座談会を通して発想の転換を生かした教材化の具体や、そこから見える未来志向の社会科の在り方について考えたいと思います。

第2章

「発想の転換」を生かす教材化の視点

座談会

大妻女子大学教授 澤井陽介
×
札幌市立八軒西小学校長 白崎 正
×
札幌市立山鼻小学校長 佐野浩志
×
札幌市立伏見小学校主幹教諭 斉藤健一
×
札幌市立山鼻南小学校教諭 竹村 正

座談会

「発想の転換」を生かす教材化の視点

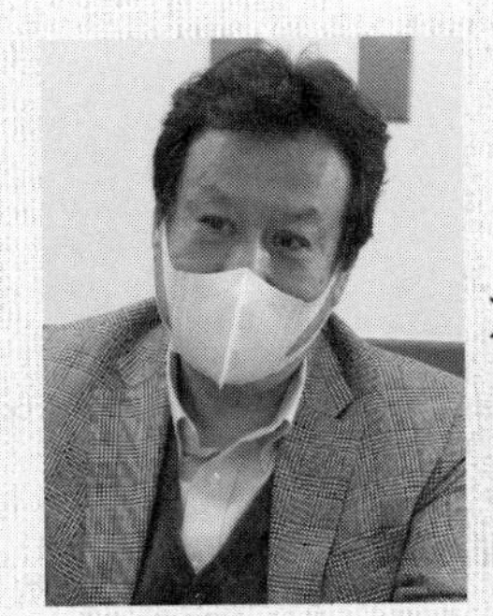

澤井陽介

×

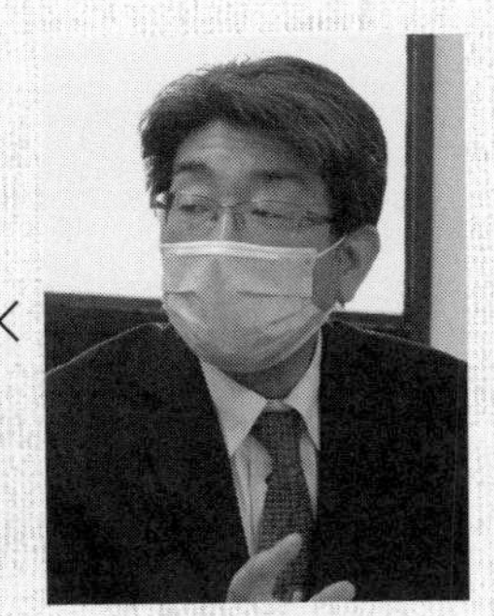
白崎　正

多面的・多角的に子供を育てる教材化の視点

澤井　世界の動きはめまぐるしい。あれほどグローバル化に向かっていたはずだったのが、自国主義が台頭してくるような世の中です。こうした動きに対しても柔軟な発想で捉え、自分なりに解釈して選択・判断できる人材が今後よりいっそう必要になります。そう考えたとき、小学校社会科においても、**変化する社会をいかにして多面的・多角的に見ることのできる子供を育てていくか、という視点が求められている**と思います。

斉藤　私たちもそのような子供を育てることを重視しており、「人の営み」に着目し、「発想の転換」が生まれる教材化に心血を注いできました。実社会の様々な分野で発想を転換し、チャレンジをしている人物を見付け出し、取材し続けてきたのも、まさにそのためです。

札幌市近郊の江別市に小林牧場という牧場があります。そこでは、「小林牧場物語」という牛乳やヨーグルトなどを作って販売していますが、牛舎の中を牛が自由に動き回れる「フリーストール牛舎」を取り入れています。他の多くの牧場は「つなぎ牛舎」です。牛を１頭１頭つなぎ、エサを食べさせ、搾乳して、糞尿はその場でさっと流す。国民の食料生産を支えるという視点から考えれば、このほうが効率的です。

それに対して、小林牧場は非効率な方法をあえて選択しています。それは、牛にストレスを与えずに自由に動き回らせることで生乳の質を高める、つまり効率よりも品質に視点を置いているわけです。

この小林牧場の取組を教材化したのは、何も奇をてらったわけではありま

× 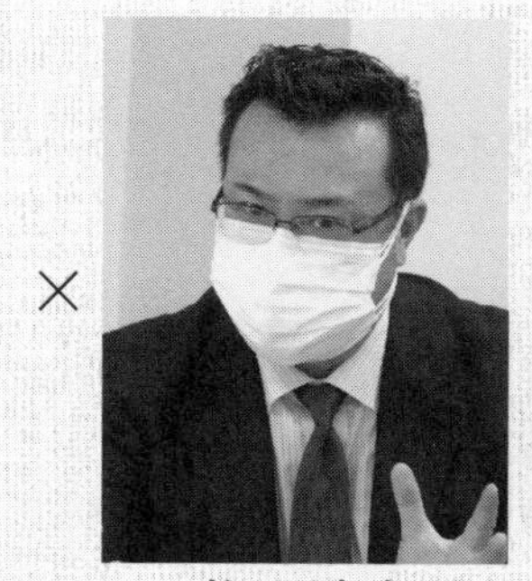

× 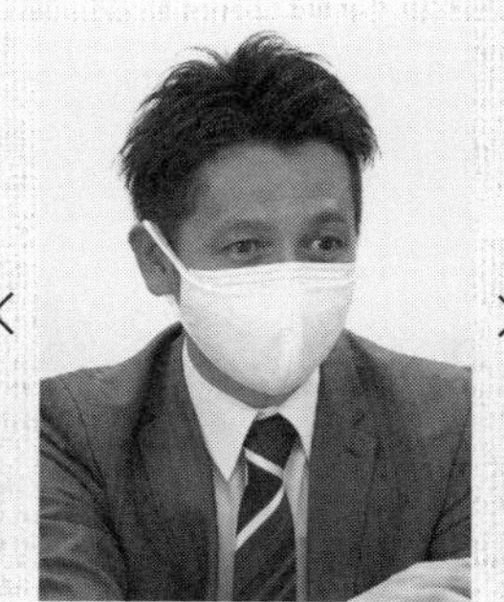
竹村　正
× 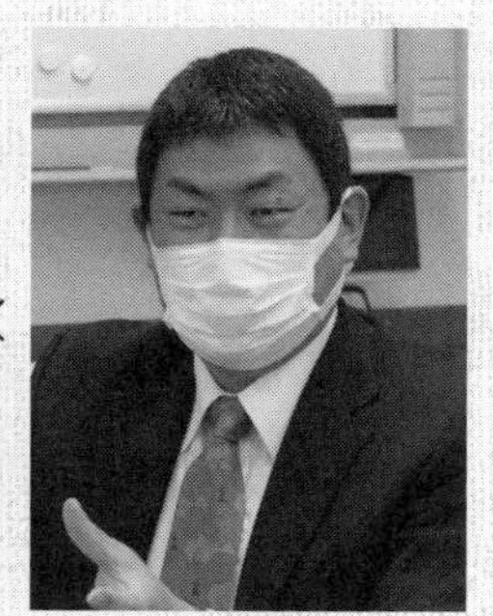
斉藤健一

せん。確かに、効率的に国民の食料生産を支えるという視点も大切です。しかし、私たちは生産者の立場から考えたとき、消費を活性化するために商品に付加価値を付けるなど、**一般的な方法とは違うチャレンジをしている人物を取り上げることが、子供たちの社会的事象を見る視点を転換してくれるのではないか**と考えているのです。

佐野　「付加価値を付ける」という試みは、北海道の水産業においても見られます。「一本立ちさんま」と名付け、手に持ってもピーンとなるサンマをブランド化する取組を歯舞漁協が行っています。

澤井　科学的な実証はむずかしいようですが、クラッシック音楽を流して栽培している果実をブランド化している例もあると聞きます。付加価値を教材化することによって、既存の方法に疑問をもち、発想を転換しようとするところに、先生方が実践している社会科を学ぶ面白さを見いだしているわけですね。

白崎　私たちはまず、教師自身が「この人、すごいことをしているな」と「人」にほれ込むことが、教材化の第一歩だと考えています。この「ほれ込む」理由の中に「発想の転換」があります。

本来であれば暑い地域で取れるはずの米が、なぜ寒い地域の北海道で取れるのか。それは、上川農業試験場が年間100通り以上もの交配で品種改良を繰り返してくれたおかげ。しかも、寒さに強くおいしい「きらら397」が生まれてから、30年間もずっと続けています。

深川の農業地帯でも米がよく取れますが、1日の寒暖差が大きく、夜間は気温が低くなり空中散布する農薬も少なくて済むので、品質のよい米、健康な米を育てることができるそうです。

漁業であれば、ウニを取りすぎると翌年の漁獲量が下がってしまうから、バランスをとらなければならない。そのために、例えば礼文町の漁師さんは限られた短い期間でしかウニ漁をしない。こうした人々の知恵に裏付けられた営みがあるわけです。

どの地域であれ、その土地に根ざした人々の知恵や努力があり、しっかり守っていくことで持続可能になる。言葉にすれば簡単ですが、実際にそうした現場に足を運び、一次情報として手に入れたときの感動はひとしおです。何としても、子供たちに学びとして届けたくなる。

ある３年生の授業では、札幌市で昔から栽培されている「札幌黄（玉ねぎ）」を扱いました。売り上げがよくなるからといって農作物のすべてを「札幌黄」にはしない。「北もみじ（玉ねぎ）」なども育てます。それはなぜか。一品種だと、冷害の年に全滅してしまうこともあり、農家がもたなくなるからです。こうしたことを、学習を通じて子供たちが追体験できるようにすることを重視しています。

“今までただ何となく食べていたけれども、その裏では、多くの人たちの熱い思いや努力、工夫があってはじめて私たちたちのところに届くんだな”と感じ、**子供一人一人が「大人って素敵だな。自分も将来そういう大人になりたいな」と大人へのあこがれをもつに至る、そのような社会科をしたい**と思うのです。そのための教材化であり、大人たちの「発想の転換」がもたらした事実を追体験することが、子供自身の「発想の転換」につながるのだと考えています。

私たち北海道の教師が何十年もの間、厄介者だと思われがちな**「雪や寒さこそ、私たちの宝だ」**と言い続けてきたのも、こうしたことが理由なのです。

授業づくりにおける「発想の転換」をどう捉えるか

澤井　社会科でよく使われる言葉に「工夫・努力」があります。それ自体は大切なことなのですが、農家の人であれ消防士であれ、その職業であれば必ず必要とされる作業までも「工夫・努力」と称して、子供に学習させている現実もあります。

それに対して、教材化で本当に大事なのは、対象に対してクリティカルにものを見て、「本当にそうなのかな」「なんでこうなのかな」という「問い」を教師自身がもつことです。そうして思い至った疑問やダウトを授業の中で再現する。その結果、「〜のはずなのに、なぜ？」「え？　本当なの？」という疑問が、今度は子供たちの「問い」になる。

竹村　そうですね。私たちも単元の学習を積み上げていった先に「〜のはずなのに、なぜ？」という「問い」が生まれるようにすることを重視しています。単元の学習問題を設定した後、子供たちの学習計画に沿って学習を積み上げていくのですが、もう一段階子供たちの学びを引き上げて、深い学びにしていきたい。そのために、単元の中で子供たちが調べてきたことや、考えてきたことを総動員しないと分からないような「問い」を、単元の後半に設定したいと考えているのです。

まずは学習問題にしっかりとつなげる単元の「問い」を構成し、そのうえで、単元の後半に「発想の転換」を生かした教材化から見えてくるようにする。その単元の一番濃いところを学習できるような「社会的事象の意味を考える問い」が生まれるようにしたいと考えているのです。その１時間の学習をお互いに公開しながら、授業改善に努めています。

澤井　お話を聞いていて面白いなと思うし、社会科の本質を言い当てていると思います。できれば北海道だけで完結せず、全国どの学校においても参考にできるような伝え方を工夫してほしいと思います。

先日の横浜大会では「本気の学習問題」と称していて、やはり「〜のはずなのに、なぜ？」「ぐっと入り込んだら、実は違うものが見える」ことを重視していました。また、熊本では単元を通して積み上げてきた学習をひっくり返して見せる試みを起承転結の「転」と称していました。

佐野　考え方は似ていますね。

澤井　そうですね。ただ問題もあります。それは、第二学習問題の設定などにありがちな、問題解決のプロセスばかりを重視しているかのような印象になってしまうことです。

以前、佐野先生と話したときに「やっぱり社会科は教材だよ」という話になりましたね。子供が共感したり情意で理解したりすることも大切、学習展開や方法を工夫することも大切、ただしそれらが「教材からどう伝わるようにしていけばよいのか」を明らかにすることが先決、ということです。

佐野　学習展開論ありきではなく、まず教材化論が先にあるべきだということですね。私たちも、教材を突き詰めていく過程で、結果として見えてくるのが学習展開だと考えています。

澤井　札幌の先生方が全小社に応募されている論文を見ると、必ず最初に単元構想図があります。北海道・札幌の場合は「教材化の視点」が明確だから、改めてそれが大事だということかなと思います。

教師が「見方・考え方」を授業の中で具現化していくときに、単元レベルで考えるときは教材化がポイントです。その教材をどのような着眼点からどう見せるかは、1時間レベルではなく単元レベルで考えます。加えて「問いの構成」をどうするか。全部を細かく見るというよりも、単元展開上必ず必要となるポイントを明確にします。

本時レベルで見るときは「資料」や「板書」。時間や空間に着目させる「資料」、社会的事象のつながりや、様々な立場があることを浮き彫りにさせる「板書」です。

しかし、これらは「具体的な手立て」とも言える。だから、**社会科の研究というときは、まずは「見方・考え方」を意識した「教材化の視点」が大きな要素になる**と思います。

単元の骨格をあえて乱暴に考えるならば、意識するのはまず教材化です。教材に対して様々な観点から解釈を考える。最初はこう捉える、次はこう捉え、最後はこう捉える。そうした教師自身の捉えをいかに子供たちに届けるか。そのための手段が「資料」であり、教師主体でつくられるものです。

それに対して近年は、子供が自ら授業をつくるという考え方を多く聞きます。もちろん、子供たちが自分たちで選ぶ、決める、調べるといった子供主体の授業論はあってしかるべきです。しかし、「見方・考え方」は単元を通して育てるというイメージなので、まずは教師として「教材」と「資料」をどう見せるのか、意図をはっきりさせることが重要だと思うのですね。

斉藤　私たちが気を付けなければならないと感じているのが、まさにその点です。教師の視点で教材を分析し、解釈する。そのためにいろいろな角度から見えてきたことを単元の中で整理し、「問い」を構成し、子供と学びをつくっていく。こうしたことを全国の先生方に伝えるという段階になったとき、もし教師のしたいことを子供にやらせるといった教師主導に見えてしまうと、私たちの主張したいことが伝わらなくなってしまいます。

しかし実際は、子供の学びを深めるために単元の学習問題をつくる、学習計画を立てながら、1時間1時間の「問い」を単元の学習問題につなげながら構成し、子供が見通しをもって学習していけるようにすることを重視しているのです。

授業をつくる教師主体と学習をつくる子供主体、そのバランスが本当に難しいところです。

澤井　単元のある段階で子供が主体的に視野を広げ、いろいろな価値に気が付いていく。そのために、教師が「こっち側を見ようよ」と仕向けるのか、それとも子供がおのずと気付いていけるようにするものなのか。

例えば「自動車はどのように生産しているだろう」といった学習問題があります。このとき、額面どおり「どのように」のままだと、自動車のつくり方を調べた段階で学習が終わってしまいます。すると、「これからはどういう自動車が必要なのだろう」などと、後付けしてしまいがちです。

それに対して「自動車生産には何が大切なのだろう」といった子供が考え続けられるテーマがあれば学習の視点が広がり、「工夫・努力の本質は、実はここにあったのか」といった気付きが生まれやすくなるのではないでしょうか。

学習問題の上位に置くか下位に置くかを別として、例えば、「職人さんが一番大切にしていることは何か」など、**子供がクリティカルに、創造的に自分の考えを形成していけるようなサブテーマがあってもよいのではないか**と思うのです。

何を大切にしているか、何にこだわっているか、どんな意味があるのかといった価値に迫るようなサブテーマです。学年段階によるとは思いますが、表面的に「分かった」では済まない、学習を進めていくうちにだんだんと見えてくる「分かった」であれば、取ってつけたような第二学習問題をわざわざ設ける必要がなくなります。

第二学習問題を設定すること自体を否定したいわけではないのですが、「ところで、みなさん」と教師がもち出して、別の学習がはじまるかのようなものであっては、単元を通じた子供たちの理解の深まりを期待するのは難しいでしょう。

子供は「自動車はすごい機械を使って効率よく生産していることが分かった」と言うけれども、本当の作り手の苦労みたいなものは分かっていない。つまり、「分かったということが分かっていない」ということが多いのです。

そうならないようにするためのサブテーマであり、**教師による「教材化の視点」を子供自身が「追究の視点」にして自分で展開していけるような仕掛け**です。

私は北海道の研究に期待してるんですね。何か新しい社会科の切り口になるんじゃないかなと。一つは「見方・考え方」を働かせる「追究の視点」です。ニーズ、持続可能性、実現可能性、実効性、主体性といったことが議論の視点として出てきたら面白いと思うのです。

例えば、「効率なのか、それとも消費者ニーズなのか」といった「問い」によって子供の思考が動く。あえて討論的に行う必要はありませんが、子供の中で両立していく視点があると面白い。

白崎　私たちがねらっているのもまさにその点です。

子供たちが中学校を卒業する頃になって、どのような「見方・考え方」が培われていればよいのか。そこから俯瞰して、小学校段階ではどのような「見方・考え方」を子供たちに体験させるのが望ましいのかを常に意識しています。社会的事象を深く考え、最後は子供たちが「選択・判断」できるようにする。「自分だったら、どう行動するか」まで踏み込んでいけるような授業をつくっていきたいのです。

竹村先生の主張する授業論では、「選択・判断」まで踏み込んでいけるようにするために、単元の後半で「社会的事象の意味を考える問い」を通して考え、さらにその先を意識した学習構成にすることを企図しています。また、斉藤先生の主張する子供論では、共生の文化をつくることをテーマにして、世界を切り拓く子供像を意識した授業づくりを行っています。

いずれにも共通することは、**これからの社会を生き抜くためには、子供たちが「見方・考え方」を働かせられるようになることであり、そのために必要なのが「発想の転換」だ**ということです。

それは、理解・認識のための「追究の視点」だけではなく、最終的には「選択・判断」、特に「判断」の視点までいけるようにすることをねらって研究を進めています。

「教材化の視点」は「追究の視点」になるか

佐野　それを私たちは「社会参画のための教材化の視点」として整理したいと

話しています。

澤井　そうだとすると、教材の発想を転換する意味が出てきますね。つまり、子供が一面的な捉え、表面的な理解にとどまらないところに迫っていく視点となりそうです。

竹村　そのためには、3年生の学習でラーメン工場を教材に取り上げるにしても、「教材化の視点」をどこに置くかについてよく吟味しなければなりません。例えば次の2つの視点があったとします。

「立場やニーズに着目しながら、社会認識のための教材化にする」

「持続可能や貢献に着目しながら、社会参画のための教材化にする」

前者であれば、「ラーメン工場がたくさんの種類のラーメンをつくっているのはどのような理由からなのか」→「お客さんのニーズに応えるため」を単元を貫く軸として構成する教材化となるでしょう。

後者であれば、「麺をつくるだけでなく、ラーメンのつくり方を指導したり、開業支援をしたりしているのはどのような理由からなのか」→「札幌だけではなくてラーメンの文化を世界に広げていくため」を単元を貫く軸として構成する教材化になると思います。

どちらを軸にするのが正解かではなく、目の前の子供たちの学びに資するために、どこに「教材化の視点」をもつのかをしっかり考えることを重視しようということなのです。こうしたことから、教師が多面的に教材を見たときに、今回の軸はどこにすべきなのかを選び、教材化を進めていきたいと考えているのです。**同じラーメン工場を取り扱ったとしても、「教材化の視点」いかんで単元の学習展開も大きく変わる**と思います。

澤井　西山製麺の指導案にも、「なぜ、こんなことをしているんだろう」という「問い」が単元の途中に出てきますね。「世界にラーメン文化を広げる」という発想は、普通に追究していても子供には分からないからということですね。

竹村　そのとおりです。単元のはじめのほうでは「麺のつくり方」や「工場の工夫」などについて学習します。学習問題につなげる「問い」の構成を積み上げたうえで、単元後半の段階で「社会的事象の意味を考える問い」につながる資料提示として、実は麺をつくっているだけではなく、ラーメンづくりのカウンターを用意して開業支援をしていることを取り上げます。そのような1時間の学びを通して、おいしい麺をつくるだけではなく、日本のラーメン文化を世界に広めようとしている点を、子供たちに気付かせたいポイントにしていました。

澤井　世界に広げることで、どのようなよいことがあるのでしょう。札幌のラーメンを有名にしたいからですか？　それとも、世界に広げることでラーメン業界全体が発展するなど、その先がありますか？

佐野　西山製麺の社長は、「『食文化』という言葉がありますが、ただ『札幌のラーメンは有名だ』ではなく、文化にまで高めたい」と言っています。「だから、開業支援もするし、世界中の人においしいラーメンを届ける努力もするのだ」と。

澤井　そこが引っかかるところなのです。そうするのは何のためですか？

斉藤　日本のラーメンは、海外でも人気があります。そこで、札幌の麺を食べてもらいたいという思いから、ドイツのデュッセルドルフに輸送し、札幌の麺として提供してもらっています。実際に食べてくれた外国の方に気に入ってもらえれば、「本場の札幌ラーメンを札幌で」と、今度は観光客として北海道に訪れてくれるかもしれないという意図もあります。

澤井　ということは、「社会貢献」を企図しているのでしょうか。なぜ、このように言うかというと、「追究の視点は何だろう」と思っているわけです。教師による「教材化の視点」としては説明がついても、子供による「追究の視点」になり得るのだろうか…と。仮に、ラーメン業界の裾野を世界的に広げていくという切り口であれば、「発展」「持続可能性」と言えそうですが、「文化として広げたい」となると…。

白崎　私たちは現在、いろいろな視点に可能性を見いだそうとしている段階です。どのような取組にも、きっと様々な価値があるはずです。ただ、ここまでの私たちの説明では、子供たちは何をもって追究していくかというときの軸が見えていないのですね。

澤井　教師の側が「追究の視点」を研究していくことには意味があります。しかし、子供の側からはその視点が見えないように思います。

斉藤　少なくとも、企業としての持続可能性ということはあると思います。若い頃はラーメンが好きだった方も、年齢を重ねるとあまり食べなくなる。高齢化が進む現在ですから、現状を顧みずに座していれば、販売数は減り、国内だけの消費だと製麺業界の未来が見えなくなります。

白崎　西山製麺さんとは逆に、「白い恋人」というお菓子で有名な石屋製菓の創業者は、「製品を札幌でしか売らない」ことに生涯こだわり続けました。そのこだわりは、製品づくりにもよく表れています。

一方、西山製麺は、石屋製菓とは価値観が異なるけれど、質を落とさず多品種でいくところにこだわりがあると思います。さらに、ちぢれ麺にするために波打つラバーを開発しただけでなく、特許にしていません。それは、とりもなおさず「広める」ことに価値を見いだしているからのはずなのです。

澤井　私がこうして事細かく先生方に聞くのには理由があります。それは、「子供に、社会の真実をどこまで切り取って見せるのか」という問題です。

「名産品として広げていきたいんだよ」という見せ方でとどめるのか、それとも「食っていかなきゃならないんだから、そのためにやっているんだよ」というところまで見せるのか。

発想を転換しようとするほど、裏側にある大人の事情を見せざるを得なくなるのが社会科です。そのため、もし耳障りのいいきれいなところだけを切り取れば、結局は教師による誘導にすぎないものになってしまうでしょう。

本気で発想を転換するというのであれば、生き残りをかけた企業利益にも触れざるを得なくなるのではないか。そうであれば、教材のもつ意味をしっかり掘り下げたうえで、何を取り上げ何を取り上げないかを取捨選択することが、「追究の視点」を設定するうえで欠かせないのではないでしょうか。

少なくとも、「ラーメンを世界に広げる」ことを「貢献」と位置付けるのであれば、会社への貢献なのか、それとも札幌市への貢献なのかが明確になっている必要があると思います。

佐野　販売者の「ニーズ」に生産者が応えるという構図かもしれないですね。

澤井　確かに、社会科で取り上げるのは「お客さんのニーズだけではない」ということは言えると思います。

小学校社会科における学習は、往々にして表層的な理解にとどまると言います。それは、必ずしも教師の側の問題だけではありません。**教材の本質を探れば探るほど、きれいごとでは済まされない「実の部分」が見えてきてしまう**からです。その結果、「いったい小学生に何をどの程度授業で取り上げるべきなのか」という問題が、どうしてももち上がってしまうのです。

佐野　札幌では、板書の真ん中に何を書くかという話になります。その真ん中に書く言葉が、その「教材の本質」なんだという話をしているのですね。

しかし、その言葉をしっかり出すためには、「追究の視点」がクリアになっていなければなりません。とても難しいことですが、私たちはそこにチャレンジしたいと思っています。

澤井　そういうことなら、冒頭で話題になった「工夫・努力」こそ鍵にしたほうがよいのではないでしょうか。例えば3年生で学習する「市の様子」の単元で、いったいどんな発想をどのように転換できるのでしょう。6年生の歴史学習にいたっては、歴史認識をも転換しないと求める授業にならないということになりませんか？

それに、「天皇中心の国づくり」であれば、「仏教を広めると、なぜ社会が安定するのか」という「問い」は、子供には解決しようがないものです。仏教がなぜ当時の最新科学であったのかが分からなければ、当時の人たちの思いなども分かりません。

佐野　大仏の話で言えば、開眼式を待ち望んでいた人の多さです。式に参加していたのは、外国から招かれた要人たちも含めて高僧ばかりです。ある文献によると、大仏をつくった人たちは5キロぐらい先の山の上から開眼式を眺めて、ありがたがり、喜んでいたと言います。こうした歴史的な事実を通して発想を転換することができると思います。

澤井　そうすると、歴史の見方の何が変わるのでしょうか。

佐野　**歴史の見方が変わるというよりも、「見えていなかったものが、より確かに見えるようになる」という「発想の転換」**です。

「江戸幕府と政治の安定」の単元を例に挙げると、出島はおよそ校舎1個分ぐらいの「小ささ」です。その「小ささ」に着目することを通して、「見えていたつもりになっていたものをよりはっきり見えるようにする」ことができます。「なぜ、こんな小さなところで取引をしたんだろう。もっと手広くやれば、江戸幕府の利益が広がるかもしれないのに」と。

澤井　ということは、クリティカルに考えられる子供を育てるだけではなくて、より確かに社会が分かるようになるということですね。

佐野　少なくとも、鎖国に対する捉えをより確かなものにすることはできると思います。

参勤交代も含めて、幕府は利益のために様々な政策を矢継ぎ早に打っていきました。その一つが鎖国です。そこで、「諸外国との貿易を小さな出島に限定することによって、幕府が情報を独占しようとしていた」ことを盛り込むような教材化を行えば、「手広く貿易をして利益を得るよりも、諸外国から入ってくる情報を独占するほうが、幕府にとってはより望ましい選択だった」ことに気付ける学習にもち込めるという考え方です。

澤井 そうだとすると、特に歴史学習においては、学習の文脈を断ち切って「ところで、みなさん」と切り出すような、教師による誘導的な教材提示、資料提示になりはしないでしょうか。

佐野 どうでしょう。出島の大きさについては資料集や教科書にも載っていますが、子供たちはそれが何を意味するのかをつかんでいません。そうしたときに、実は自分の学校とほとんど同じ大きさなんだと知ることで、ぐっとイメージが明確になるということは言えると思います。

澤井 「教材化の視点」を一つ一つの「追究の視点」として子供自らが解き明かせる「資料」にして授業に散りばめる。なるほど、そこまではとてもいいですね。

出島の「資料」についてもただ提示するのではなく、ICT機器などを活用するなどして出島と学校の写真を重ねて見せる。そうすると、「なぜ、こんなに小さくてよいのか」という疑問が生まれ、子供同士がやりとりをしながら出島における「幕府の情報管理の機能」という新たな視点が見えてくる。

「資料」から生じる子供の疑問が「追究の視点」になるということであれば、「教材→資料→疑問→追究の視点」と筋が通ります。

佐野 ほかの単元でも、大仙古墳の大きさを身近に引き寄せてイメージできるようにするために校区と比べています。「大仙古墳の大きさってAちゃんのおうちからBちゃんのおうちぐらいまであったんだね」「えーっ。じゃあ、校区全部が古墳ということ？」という驚きにつながる大きさ比べをしているのですね。

写真を見れば、とにかく大きいということは分かる。けれど、それではただ「大きい」という言葉しか頭に残りません。それに対して、自分の身の周りのものに置き換われば、新しい気付きに対する好奇心も高まります。このような資料提示であれば、「なぜそんなに大きいものを造らせたのか」「どうやってそんなに大きいものを造ったのか」という疑問につながり、教師による誘導的な資料提示にしないで済むのではないでしょうか。

澤井 なるほど、「発想の転換」を歴史解釈を変える試みとして捉えるのではなく、「教材」や「資料」ベースでの社会的事象の見せ方の工夫として捉えるということですね。

白崎　私たちが考える歴史学習において感じているのは、北海道由来の教材化を図っていく難しさです。

例えば、「幌内鉄道が全国で３番目に敷かれたのは？」という「問い」から幌内炭鉱に触れ、そこを入り口として富国強兵や殖産興業との関わりへもっていきたいと考えたとします。しかし、子供に任せるだけでは難しい学習です。そこで、子供にとって分かりやすい「資料」などを教師がつくらなければなりません。

手間はかかるのだけれども、そこまでの準備をして授業に臨めば、子供は応えてくれます。「明治維新というのは、札幌でもあったんだ」ということを知り、「何で当時こんなに高価な、今の感覚で行くと一本一万いくらもするビールを札幌でつくったんだろう」「誰に飲ませたかったのだろう」という疑問が生まれ、「北海道でも文明開化や外貨獲得のための役割を果たす工場があったんだ」という発見につなげていくことができます。そのようにして、学習をより発展的にしていけると考えているのです。

佐野　本校の校区に明治９年に山鼻屯田兵が入植して、同じ年の明治９年に札幌ビール工場ができます。その２年後、私の現任校である山鼻小学校が開校しています。学校ができる前は、大きな木が生い茂る原始林が広がっている場所でした。そこに、屯田兵屋が立ち並んでいました。

そのような写真が残っていて、「では、そこにどんな人が住んでいて、何をしていたのか」といった「問い」を切り口にして、札幌開拓使麦酒醸造所をつくっていたと提示することもできます。つまり、「資料」の見せ方ですね。

澤井　「発想の転換」という言葉を強調するのもよいとは思いますが、「社会って、一筋縄では見えないな」「実は裏側にこんなことが多いんだな」と思えるようにする。そうした、子供たちが社会を見る楽しさ、面白さを前面に出したほうが、全国の先生方に伝わりやすそうですね。

子供の「問い」は教材から生まれる

斉藤　以前、東京江戸博物館にあった水道の模型に惹かれて「いつか教材化して授業をしたい」と思っていたのですが、６年生の担任になったときに実現しました。どこに教材としての面白さを感じたかというと、水道敷設の経緯です。豊臣秀吉によって徳川家康が江戸に移されたとき、水道整備に着手して日本ではじめて水道の機構をつくったわけですが、それを伊達政宗が学んで仙台藩でも同じようにつくったという経緯が面白かったのです。

子供たちはもちろん大人にとっても、源頼朝や徳川家康は、どちらも「大昔の人」という認識でひとくくりに捉えがちです。しかし、鎌倉幕府と江戸幕府とでは400年もの時代差がある。そのときどきの「今」を生きていた人たちは、私たちと同じように「先達」から学んでいたはずなのです。つまり、昔の人々もまた、さらに昔の人々から学んでいたということですね。

歴史学習というと、「○○時代」といった区切りごとに学習することから、つい「点」で捉えがちですが、本当は様々な「線」でつながっているのです。このように「歴史のつながり」の具体を意識したとき、子供は目を輝かせて「社会科って、面白い！」と言いはじめるのです。

澤井　教材化は、教師が教材にどんな「問い」、あるいは「視点」をもつかにかかっていると言えそうです。そうなると、「問いかけ方」の重要性が増しますね。基本型としてプロセスを明らかにする「どのように」を使いながら事実的知識を知り、ときにクリティカルに、ときに一度下した「選択・判断」を覆すような「問い」をもち込むことで、その先の学習につなげていく。

「見方・考え方」に話を戻すと、学習指導要領において「見方・考え方」は「問い」にまぶされています。東京大会での資料も「問い」が先にあるイメージです。しかし、**「『問い』は教材から生まれる」という着眼点から教材化を図ることができれば、教材を資料化しながら子供の側から「問い」が生まれる。**そんな授業づくりを提案したらとても面白いと思います。

「社会科では、子供にとって切実感のある『問い』が大切だ」などと私たち教師は言いながら、結局は教師が唐突に提示するような「問い」になってしまうのはなぜか。それは毎時間の「問い」を事前に決めてしまっているからです。しかしそれでは、学習を通じて子供の側から「問い」が生まれる余地がなくなります。

一方で「問い」は教材の中にあるという捉えであれば、分母・教材の分子である資料たちが、子供から「問い」を引き出す。そうなればクリティカルな「問い」も単元レベルでまぶされていく。そこは一つ主張できますね。その代わり、教師もその教材に秘められた「問い」を見抜く力量が問われる。

佐野　それが「教材化の視点」ということですね。

澤井　「なぜ、そうまでして○○をしているのだろう」という「問い」の先に、

「持続可能性」という「視点」が出てくるかもしれない。「視点」は「問い」に対するアンサーとして出てくる。「効率化」「社会貢献」といったテーマにおいても同じことが言えるのではないでしょうか。

全国の先生方に北海道の社会科研究の面白さを伝えるとしたら、次のような言い方ができそうです。

「教師はその教材を見て、子供に届けたいたくさんの『問い』を想定します。そうできるのは教師自身が教材をクリティカルに見ているからです。小学生にまだ見せるべきではない事柄は捨象します。だとしても、教師が教材をそういう疑問の目で見ないと、社会科はちっとも面白くないのです」と。

佐野　「発想の転換」という授業観のもとに研究を続けてきた私たちは、これほど明確に言語化していたわけではないけれども、そういう教材を見る「目」を養ってきたように思います。

澤井　第三者的に北海道・札幌の先生方の頭の中を覗いてみるとおそらく、「教材を一筋縄では見ていない」と言えるのではないでしょうか。「〇〇と書いているけれど、本当はそうじゃないのではないか」と、教材をほじくり返しながら見ている。それが教師自身の疑問になっている。その疑問が子供から生まれてくるように「資料」を工夫している。その結果、「教材化の視点」が単元の中で子供の「追究の視点」として生かされる。そう考えると、とてもすっきりしてきますね。

これまでは「問い」が一方的になりすぎていたのではないか。しかし、うまく複線化、双方向化すればできるのではないか。それが「教材の中にこそある」という捉えであり、まさに「問い」に対する教師の側の「発想の転換」ですね。

竹村　教材のもつ様々な側面に着眼しながら、「この教材のいったいどこに『発想の転換』が潜んでいるんだ」と探っていく。教材化を進める際には、教材を分析し、教材解釈をし、「発想の転換」はどこにあるかという視点で常に教材を見ているということです。そして、その「発想の転換」をしている具体的人物と子供たちを出会わせることで、子供たちの社会を見る「目」を育みたい。私たちは、そういった願いをもって教材研究をしてきたのだと思います。

澤井　「見方・考え方」を視野に入れつつ、教師として「『問い』をどう構成するのか」を考えることは大切ですが、ベースは教材の面白さで、子供が嬉々として追究していけるようなクエスチョンの連続なんだと捉えるほうがしっくりきます。

佐野　そう考えると面白いですね。

澤井　一つの教材を取り上げたら、いろいろな角度から疑問をつくり、それを単元に盛り込む際に「見方・考え方」を意識して並べます。なぜなら、それらは子供自身が社会を見る「目」になっていくからです。きっと社会を面白がりながら見る子供になると思います。

竹村　まさにその考え方は、私たちの目指す子供像にもつながります。「見方・考え方」を働かせながら教材を多面的・多角的に見る、気付く、ときには自分の考えたことが覆ることもある、そうした学習を通じて「社会を見るのは面白い」と思える子供たちになってほしいのです。

「人の営み」を教材化の軸に据える困難点

澤井　もう一つ研究上の課題があります。それは、社会科の全ての「内容」で「人の営み」と「発想の転換」を教材化できるかという点です。

斉藤　それが難しいであろうと想像されがちな3年生の「市の様子の移り変わり」で、私たちは札幌市の人口を取り上げています。1972年の冬季オリンピック時、札幌市の人口は100万人になり、それからさらに現在までに100万人増えました。この人口増加に伴い、市の広がりと同様に、交通という視点でも広がりを捉えることができます。そこには、地下鉄をどこに通すのか、バス路線をどう広げるかなど、様々な「人の営み」があるのです。

澤井　市や県の地理的環境の概要、国土の広がりのような「内容」もありますが…。

佐野　確かに「我が国の国土の様子と国民生活」の単元の「国土の地理的環境」の理解に関する部分などは難しいところがありますね。

白崎　あたたかい地方の様子を調べるところだったら、例えば「沖縄で家を建てるならどんな家を建てるか」といった実践はありますが、具体的な人物を通して学習するわけではありません。覚えなければならない事項についてどう効果的・効率的に学ばせていくかということもあります。

澤井　そのような意味では、教材化の軸を「人の営み、働き」に焦点化して、真の工夫や努力を見抜くといった学習を行いたくともできない単元があるでしょう。それはそのはずで、地理的な内容や気候、地形について学ぶ単元ではそもそも難しいからです。

佐野　「我が国の政治の働き」の単元などもそうです。身近な政治の働きの部分ではできるけれども、日本国憲法について学習する単元では難しいと言わざるを得ません。

澤井　さらに言うならば、「人の営み」から学ぶと言っても、実際の授業では特定の人物に頼りがちな単元になる可能性もあります。具体的には、A農家のBさんの取組を深く取り上げるほどに一個人の才覚にフォーカスされてしまい、その結果として、社会科で学ばせたい「日本全体の農業における工夫や努力」から離れていってしまう。「人の営み」を具体的に学ぼうとするがゆえのジレンマを社会科は併せもっています。

白崎　それは、「個人の特殊な例を取り上げてしまうと」ということですか？

澤井　冒頭で話題になった「西山製麺」にしても、学習を通じて子供たちは「社会貢献」に対する認識を深めるかもしれない。すると、今度は、どのラーメン工場においても、そのような「社会貢献をしているはずだ」とミスリードしてしまうかもしれない。もし「社会貢献」を意図していないラーメン工場に出合ったとき、子供たちはそれをどう受け止めるのか。「がっかりした」「全部が全部西山製麺のようにしているわけではないんだ」などと受け止めてしまわないか。

しかしその工場は、社会貢献など全く考えていないし、どちらかというと閉鎖的な経営をしているけれど、美味しい麺を提供していて全国から注文が殺到しているのだとしたら？　「社会貢献の素晴らしさ」という価値意識が、子供たちの社会を見る「目」を曇らせてしまうかもしれない。

これは「社会貢献」に限ったことではなく、**社会の一側面にすぎないものを全体であるかのように拡大解釈させてしまうリスクを社会科はもっている**ということです。「木を見て森を見ず」となれば、子供たちの社会を見る目は良くも悪くも一面的となり、社会科で重視したい多面的・多角的から遠ざかってしまうことでしょう。

もちろん、北海道における実践の捉えを否定したいわけではありません。私が言いたいことは、個別具体と社会全体が一致することはない以上、どのようなバランスであれば「人の営み」を扱う学習が成立するのかということです。加えて、殊に歴史学習においては、そもそも「社会参画」にフォーカスさせにくいということもあります。

このように考えると、全学年・全単元の授業の全てにおいて、類型化した視点をもたせるとか、「人の営み」を単元の軸に据えるのは無理があります。単元をしっかり厳選する必要があるのではないですか？

白崎　確かに、すべての単元の軸に「人の営み」を置くことはできないかもしれませんが、「発想の転換」に紐付けることはできると思います。

澤井　なるほど、その可能性はあり得るのかもしれません。

「農家の仕事」の単元であれば、まずは教科書掲載の庄内平野の農家の仕事について学習していく。調べ学習が進み「庄内平野では、なぜ米づくりが盛んなのか」が明らかになってきた段階で、庄内平野とは全く異なる環境や農法なのに、米づくりが盛んな北海道の農家のＡさんが登場する。すると、考え方ややり方は違っていても、「工夫・努力」という点では共通しており、それぞれの思いや願いのもとに切磋琢磨していることが分かる。

このように、教材に「人間の」と入れる際、単元を貫くものとしてではなく、「発想の転換」をさせたいその転換点に「人物」を配置するということはあり得そうですね。

佐野　「地域環境と人々の生活」の単元でも、全部が難しいということでもありません。「県内の特色ある地域の様子」であれば、ど真ん中に据えることができます。

澤井　学習対象とする人物の工夫や努力、こだわりの意図などは、単元の一部に入るようなイメージなのかもしれません。

例えば「情報を生かした産業」の単元で「コンビニエンスストア」を扱うとします。このとき、「会社の人たちの戦略」という要素が入ってくるとすれば「人の営み」のみならず、「組織の仕組み」も入ってくるでしょう。この点に着目して、教材を多面的・多角的に捉えて面白い「問い」を考えてみる。そして、その「問い」の中に人間の本質的な「工夫・努力」や、新たな議論の視点になるような要素が入ってくる。つまり、教材の真ん中に「人」をもってくるのではなく、肝となるポイントに配置する。

仮に「人」を教材の真ん中にもってきてしまうと、かえって汎用性が狭まるような感じがしますね。そこで、この場合には主教材を「情報を生かしたコンビニエンスストア」などに据え、情報の伝達や管理の仕組み、会社としての戦略を学びながら、「○○のほうがよいはずなのに、〜さんはなぜ□□

しているのか」という「問い」が生まれるように「人」を登場させる。

白崎　単元における「教材化の視点」を複数描き、その中に「人の営み」を位置付ける。

澤井　そうです。これまで、その関係性や全体像があまり見えなかった。学習を通じて単元の全貌が明らかになっていくというよりも、あらかじめ全体像が見えたほうが、多くの先生方にとっては分かりやすいんですよね。

手前みそですが、「教材化の視点」と言うときに、私はいつも円グラフをもち出します。思いや願いといった「情意」、社会的事象がはっきり見える「具体的事実（活動）」、事実やデータといった「客観」、この３つの要素のバランスで説明します。均等である必要はありませんが、どれかが欠けると社会科らしくならないという面があります。

人の営みは「情意」を中心軸にしています。そこに「具体的事実（活動）」や「客観」が付随するイメージです。ですから、「教材化の視点」には、他の２つが中心軸になる要素も必要なのです。

子供たちの追究意欲を保障するサブテーマの可能性

澤井　北海道・札幌の先生方が考える「教材の本質」というのは何を指しているのでしょう。

竹村　「西山製麺」であれば「西山製麺を扱う価値を一言で言うと何なの？」という「問い」への解答が教材の本質だという捉えです。

澤井　そうだとすると、「教材の本質」というのは、基本的には社会の仕組み、社会機能になるはずです。例えば「情報を生かしたコンビニエンスストア」であれば、「販売における産業の情報活用」「産業の情報活用による利便性の向上」といったあたりが「教材の本質」になるのではないでしょうか。

竹村　教材の真ん中に配置するのはまさにそれをイメージしています。例えば、今回扱ったセイコーマートでは、どのコンビニでもそうであるように、まず第一にどの店舗においても欠品がないようにする工夫を行っているわけですが、特徴的なのは出店場所です。

全道179市町村中175市町村に出店し、北海道の人口カバー率は99％以上を誇っています。離島にも出店し、どの地域の人たちにとっても生活が困らないようにすることを意図しているのですね。そのために、情報管理をより徹底する取組を行っています。徹底した情報管理により、地域創生を目指している。そのあたりを真ん中に据えて、「教材の本質」として主張し、実践しました。

澤井　つまり、その単元における教材は、社会的事象の仕組み、特色、意味を本質として追究していくから、「持続可能性」といった「教材の視点」が出てくるわけですね。もしそうでないと、学習指導要領と教材の本質がずれてしまうはずです。

ここまでの話を聞いていると、社会的事象の意味をとことん追究するという印象を強くしています。若干整理すると、何が何でも教材の真ん中に「人」をもってくるのではなく、また全学年の全単元で「人の営み」を中核に置くのでもなく、「人の営み」から学ぶことの多い親和性のある単元を選りすぐって提案していく。加えて、親和性の低い単元であっても、発想を転換させたい場面に「人」を配置する。およそこのようなイメージですね。

白崎　今後ますます子供たちが自らタブレットなどを活用して調べ学習を進めていくという状況を踏まえると、それに適した場を設定することはもちろんですが、これまでどおり教師が資料を提示するものの、そこから先はタブレット等を活用して子供が自分で探ってみたいと思う「問い」を見付けていくという実践も出てくるのかもしれません。

例えば「ニーズ」の観点から調べたい子供もいれば、「販売の仕組み」について調べたい子供もいる。こうした調べ学習の多様性を保障することが、多面的・多角的に学び合えるこれからの社会科授業になっていくとも考えられます。

澤井　場合によっては「コンビニは情報活用の際に何を大事にしてるんだろう」と問う。そして用意した資料を子供にいっぺんに投げ、「どれかを選んで自分の答えをつくり上げなさい」と指示する。こんな乱暴な授業だってあり得るのかもしれません。子供のほうも「だったら、コンビニがなぜこんなに多くつくれたのかが気になるから調べてみよう」と意欲的になる。

佐野　私たちが若いころには、複線化の学習過程を研究しました。平成９年の札幌大会でも主張しています。

澤井　複線化の授業の課題点は、学級全体の学習問題と個々の子供が調べる課題との関連性の把握や自覚が弱かったため、調べっぱなしにしてしまうことにありました。帰る家がないまま調べて発表するから、子供たちはどこにも帰れなくなってしまうのです。やはり大きなくくりとしての学習問題という家に帰ってこられるようにすることを踏まえた調べ学習の多様性である必要があります。

白崎　若いころ、漠然と活動を投げかけたことで失敗してしまったことがあります。例えば「自動車ができる秘密を考える」のであれば、「この学習においては、どのようなことであれば『秘密』だと言えるのか（工場では約２分で１台の自動車が完成すること）」が子供たち同士で共通理解がなされている必要がありました。

澤井　そうですね。せっかく一人一人の子供が自分の興味・関心のもとで調べ発表したというのに、一つ一つの発表が相互に関連しなくなってしまうのでは、「何のために」が抜け落ちます。

しかしそこさえ解決すれば、できると思うのです。「何を一番大切にしてる？」という「問い」もその一つ。ただし、そうした「問い」をメインテーマに据えると、価値に振りすぎるのをよしとしない先生方にとっては敬遠されます。そこで、サブテーマを設定するという考え方にするのです。

佐野　学習問題＋サブテーマということですね。

澤井　そうです。**「どのように」という学習問題がありつつ、「何を一番大切にしているか、その秘密を探ろう」であれば、複線化の失敗の二の舞にしないで済むだけでなく、社会科授業の新たな可能性を見いだせる**のではないでしょうか。

繰り返しになりますが、「どのように」と調べ終えたら学習が終わってしまうのは、調べる範囲を縁取りしているだけだからです。「自動車はどのようにつくっている？」という「問い」の背後で、「生産のプロセス以外は調べないでね」というメッセージを暗に送ってしまっているのですね。

それだと、最初に出合う「資料」ですでに狭められてしまうから、いくら学習問題や学習計画を子供とつくろうと言っても、結局は教師が考えた「問い」で子供たちの活動を縛ってしまいます。それに対して、「何が一番大切なんだ」というサブテーマを設ければ、そうそう簡単には答えを決められなくなる。「もっと調べないと」と調べていくうちに、また多様な「問い」が生まれる。

印象的な画像に飛びついて、最初のうちは手を挙げて発言するのだけど、中盤以降に尻つぼみになってしまう社会科授業がありますよね。これは、授業が子供たちの追究意欲や解決意欲をかき立てるものになっていないことが原因です。

佐野　瞬時に意欲が消失するのは、学習における「問い」が単なるクイズになってしまうからだ、と私たちはよく話をしています。既習が積み上がっていないため、学習経験とのズレが仕組まれておらず、生活経験とのズレ頼みで「問い」を生もうとするときに陥る典型です。

澤井　私たちは「子供が『問い』を生み出す」と簡単に言うけれども、問題発見力というのはなかなか育ちません。「教材」「資料」を通して社会を面白く見るトレーニングが必要です。そのために必要になるのが、「実はこの『資料』に大事な『問い』が隠れているんだよ」というアプローチを粘り強く行うことです。

佐野　そんなふうにしていると、ここぞとばかりに提示する「資料」ではないにもかかわらず、見事な「問い」を見付け出すような子供たちが育っていきます。

澤井　何でも疑ってかかる子供とか、いいじゃないですか。先生が何をどう言っていても、「先生、それほんと？　どこに根拠あるんですか？」と問うような子供です。

斉藤　それは問題発見力が高まったからそうなるのか、それとも学級経営的にそうなっていったのかとよく考えています。

澤井　それは分からないけれど、少なくとも知的好奇心は背景としてあるでしょう。

竹村　単元の中だけでなく、どの学年でも「発想の転換」を大切にした教材化を行うことで、子供たちの中に、自然とそういう「問い」が生まれやすくなる学級は確かによくありますね。私たちはそういう姿を「見方・考え方を鍛える」という言葉で表していきたいと考えているのです。

澤井　「社会を面白く見て、『問い』を生み出せる問題発見力の育成」といったコンセプトがあってもいいかもしれませんね。

　社会科は「教材」「資料」、その面白さを通じて子供たちから「問い」が生まれる、そうなっていくためのトレーニングを重ねていく。教師のほうは、「教材」からたくさんの「問い」を想定しておき、「資料」に落とし込んで子供たちに届ける。子供たちは「資料」から自分たちの気になるところを発見し、それが「問い」になっていく。

そうであれば、教師による誘導にはなり得ません。逆に言えば、そうしない限り、子供から「問い」が生まれることもないと言えるでしょう。

教材化のための取材等の在り方について考える

斉藤　授業づくりの取材でなくても、自分が普段見聞きしたことのなかにも教材化のヒントはたくさんあります。何かピンとくるものがあれば記録に残しておき、時機の到来を待ちます。そうしていくには、常にアンテナを張っておくことが大切です。

例えば、北海道の長沼町に記虎さんが運営するファームキトラという農場があるのですが、プライベートでいちご狩りに行ったんですね。そうしたら看板に「アイガモ農法やってます」と書いてあって、それがずっと気になっていたんです。

その後、5年生を担任したことで教材化できるかもしれないと思い、記虎さんに直接お会いして取材させてもらったところ、アイガモを本州から買って、放って、無農薬で米づくりを行っていることが分かりました。このときの実践は、私も子供たちも本当に楽しかったです。

澤井　教師自身が社会的事象を面白がっていろいろ見ることが、子供たちにとっても面白い教材化につながるということですね。

佐野　私たちは、もうそうすることが癖になっているのですね。家族旅行さえも巡検にしてしまうくらいです。

斉藤　今日も待ち合わせより早く到着したので六義園に寄ってみたんです。すると、綱吉時代の柳沢吉保が造営したと書かれていました。柳沢吉保というと時代劇の悪役として有名ですよね。私自身、そのようなイメージしかもっていなかったのですが､相当の権力を有していただけでなく､新田開発を行ったり幕政を主導した実力者であったり文化人でもあったりしたわけです。これは面白いと思って記録に残しておくことにしました。

直接見聞きすることで一面的な見方が排され、多面的な見方で柳沢吉保を捉え直すことにつながりました。**そのときは実際に教材化できるかは分からなくても、少しずつ引き出しを増やしておくことが大事**なのだと思います。

ただ現在は、学校におけるネット環境も整ってきましたし、一人一台端末の時代ですから､調べ学習一つとってもチャンネルは複数あります。加えて、取材には手間暇、費用もかかることから、敬遠されるようになるかもしれません。そうしたとき、私たちがこれまで大事にしてきたことを今後も続けていけるのかという不安はあります。

澤井 だからこそ、「この単元とこの単元は捨て置いてはいけない」ぐらいの主張のほうが、もしかしたら伝わるかもしれませんね。たとえ1年に1回でもいいから足を運び、教材研究に没頭する経験を積むことができれば、それだけでも社会科として必要な素養が培われていきます。

竹村 「人の営み」については、地理的な要素が主軸の単元では難しくとも、全体としてみれば教材化できない単元のほうが少ないと思います。単元を並べたとき、どの単元でも「人の営み」が感じられるような発信の仕方を工夫するだけでも全国の先生方に伝わるのではないでしょうか。

実際、私たち自身も通ってきた道で、現地取材をした結果、授業がどれだけ面白くなるかを、経験として知っているから「またやってみよう」と思えるわけです。逆に言えば、**とにかく経験してみない限り「そうは言っても、やはり現地取材は負担が大きすぎる」というマインドセットから抜け出せない**でしょう。

澤井 現在はオンラインによる取材例もありますね。実際に教師が現地を見てくることにはかなわないですが…。一方で、スーパーマーケットのように複数回見学活動を行いたいときには、1度目は実際に見学に行き、2度目は教師が取ってきた録画やオンラインで行うなど、リアルとICTを効果的に組み合わせることは実際的だと思います。現地取材の方法や負担を多少なりとも軽減できる方策が見いだせるかもしれませんね。

佐野 取材先のホームページをまず閲覧し、気になる点をメモして連絡するといった電話取材でもよいのではないかと思います。

斉藤 私が教育実習生から社会科について質問を受けると、ペットボトルを片手に次のようなやりとりをします。

ペットボトルのデザインや容量に着目させ、なぜそうなっていると思うかと実習生に問います。すると、いろいろな予想を立ててくれるので、それを確かめるために実習生の前でお客様相談室に電話します。

お客様相談室というと、苦情などが寄せられる窓口というイメージが強いと思いますが、こうした質問に対しても丁寧に答えてくれます。しかも、取材に要する時間はおよそ3分。実習生はみな驚いて、「先生になったらちょっとやってみます」と言ってくれます。

先生になれた後に試したのかは分かりませんが、一口に取材といってもこんな方法もあるので、あまり肩ひじ張らなくてもよいのではないかと思います。

澤井　さてそこから先が課題、ここまで話題にしてきた「工夫･努力」の本質、従事している人々の真意を突き止められるかどうかです。実際にどのような手法で意図を突き止めるか、北海道・札幌の先生方の実践から学べるといいですね。そんな教材研究のための取材方法も紹介していただくと全国の先生方の参考になります。

白崎　「社会科の教材化は手間がかかるし難しい」という声をよく聞きます。けれども､私は逆に「社会科ほどシャープに教材化できる教科はない」と思っています。一本の電話、一通のメール、一回の取材であっても、ひと手間かけることによって、「これは面白い」「ぜひ子供に伝えたい」という手応えを感じることができる。だから**社会科の教材化って、出会いと発見、そして真意を突き止める、教師にとってのわくわくする問題解決学習だとも思える**のです。

佐野　ありがとうございます。

第1章では、私たちが考えている「発想の転換」を生かした社会科とはどういうものかについて取り上げました。第2章では、その内容を実際の事例や、具体的な考え方にまで落とし込んだざっくばらんなお話ができただけでなく、未来志向の社会科に向けて大事にしたいことなどがたくさん詰まった座談会になったと思います。

第3章では、座談会の最後のほうで話題に上った、教材研究のための取材方法や、授業づくりのヒントがたくさんわかるコラムを北海道の社会科教師の中でも誰もが認める6名の授業名人たちが書いています。

続く第4章では、発想の転換を生かした授業の実践事例を道内えりすぐりの実践家たち15名が紹介します。

では､これで座談会を締めたいと思います。お忙しい中お集まりいただき、ありがとうございました。

第３章

授業の達人直伝
教材化のポイント

01

子供がワクワクする素材探し、取材の際のポイント

私たちの身の回りには様々な社会的な事象や人が存在しています。教師自身がそのような素材を見付け、子供たちに学習教材として提示し、意味を考えることは子供の主体的な学びを進める上でたいへん有効な手段となると考えます。でも、見付けた素材をそのまま与えても子供たちがワクワクするような教材にはなりません。見付けた素材を見つめ、ちょっとした工夫をすることで、魅力的でワクワクするような教材へと生まれ変わらせることができるのです。

■教師自身が「ワクワクする素材」が最高の素材

まず、見付けた教材を教師自身が「面白そう！」と感じることが重要です。「これはどういうことなのだろう？」「もっと詳しく知りたい」と感じることが教材研究の第一歩です。教師が素材に感じた熱量を子どもたちは敏感に感じ取ります。まずは自身が学習したいと思えるような素材を見付けましょう。

素材探しについては、次のようなことを意識します。

①主体的に調べたり考えたりできるか
②多面的に追究することができるか
③学習指導要領の内容と合致しているか

北海道に尻別川という大きな河川があります。私はこの河川を素材として教材研究をすることで、子供たちに「森林は、その育成や保護に従事している人々の様々な工夫や努力により国土の保全など重要な役割を果たしていることを理解」させることができないかと考えました。調べてみると、この河川には以下のような様々な魅力が見付かりました。

- 総延長は126㎞の大きな河川であること。
- 世界的にも有名な「ニセコ地区」を流れること。
- 釣りやラフティングなどのレクリエーションが盛んであること。

・多種多様な生物が生息・繁茂していること。

・国土交通省の水質検査で常に最上位をキープしていること。

次に、私は尻別川の魅力を支えている人がいないかを探しました。すると、地元のNPO法人が河川の清掃活動や、河川のルールづくりなどを広く呼びかけ、環境保全に貢献していることが分かりました。その後、NPO法人の代表の方に電話で連絡をし、直接会ってお話を聞かせていただくことができました。具体的には雪中植林という北海道ならではの取組を通して、多くの人々の協力で森林を守り育てようとしていることを話していただきました。

実際の学習では、子供たちは雪中植林の意味を多面的に考え、「森林を育てることが他の生物を守ったり水質を保ったりする」など、自然環境を保全することにつながることを学ぶことができました。

■ICTを活用するとともに本物に触れ、具体的な資料を手に入れる努力を

尻別川の学習では、次のような手順を踏んで教材化を進めました。

①インターネット等を活用して、素材の目星を付ける

②さらに関連する書籍を探し、大まかに素材の中心となる取組を探る

③地域のフォーラムなどに参加し、直接人の話を聞いて取組の詳細を知る

④取組を支える中心人物に当たり、資料を提供してもらうとともに、裏付けとなる言葉や根拠を手に入れる

ここで大切にしたことは、子供たちに実際に提示する資料やデータなどの実物を手に入れることでした。学習では誤ったデータや情報を伝えることはできません。できる限り正確な情報を手に入れられるように、取材相手に、事前に教えてほしいことや話してほしいことを伝えておくようにしました。そうすることで、取材相手が裏付けとなる資料を用意してくれたり、子供たちが理解や納得しやすい言葉を選んでお話をしてくれたりしました。また、事前に質問を考えておくことで自分の考えも整理することができます。取材の際には、写真や動画を撮影する準備も忘れないようにします。

■学習の流れを考える

ある程度調査が進んだところで、学習としてのストーリーをまとめておくようにします。学習の幹がしっかりしてさえいれば、その後の追加取材が必要となったとき、内容に合わせて質問することができ、手間をかけずに取材を進めることができます。

02

取材した内容を教材化し、単元や本時を構成するポイント

■取材の９割は終えておき、実際に会うときは内容確認と撮影を中心に

教科書や各種の指導資料をはじめ、取材対象やそこに関連する情報を取り上げたホームページなどを活用することで、取材対象に取材を申し込む前の情報収集が容易な時代となりました。

そこで、すでにホームページなどに掲載されている情報や、電話で済む程度の情報について質問することのないよう、取材準備をしっかり行います。

また､取材対象には「何かありませんか？」などと漠然と尋ねるのではなく、

・○○については、どのような考えで行っているのですか？

・○○を持っている様子を写真（動画）に撮らせてもらってよいですか？

など、学習展開を想定しながら、子供が追究する上で信頼のおける資料を得られるように配慮します。

■取材で得た情報から単元や本時を構成した例（３年「販売の仕事」）

ここでは、第３学年「地域に見られる生産や販売の仕事」のうち、「販売の仕事」における「商店では商品の品質や並べ方、値段の付け方などを工夫して販売していること」を包括的に取り扱う時間の構成について、実際の取材を基にした例を示します。

学校の近くにある商店を取材した際、店長さんから「商品をどれだけ発注するか、判断することが店長の腕の見せどころです。毎日、閉店するときに今日の発注がよかったのか悪かったのか、情報を蓄積しているんです」というお話をいただきました。そこで、「もしよかったら、閉店のときも取材させていただいてもかまいませんか？」とお願いし、その日の21時30分に商店に向かいました。

私が見たのは、すべての牛乳を売り切った商品棚でした。その商品棚を見た店長さんは「よし、売り切った」と満足な表情を浮かべるだろうと予想しまし

た。牛乳のような商品は「売り切る」ことが、発注のポイントだと考えていたからです。

しかし、店長さんは「牛乳なら閉店間際に1本、残すことが発注のポイントだと思うんです。だから今日の発注は失敗でした」と話してくれました。「閉店間際に来店したお客さんが『あっ、まだあった。買えてよかった』と安心してもらえることが大事なんです」と言うのです。

この「売り切らない」という発注のポイントは、授業をつくる私にとっても、商店の学習に取り組む子供にとっても、意外な返答でした。

これは「発想の転換」を生かした授業づくりに使える絶好のネタだと考えました。しかし、「売り切らない」ことによって生じる“食品ロス”や“環境負荷”という点で引っかかる部分もあります。これを解決しないことには、「店長さんの発注のこだわり」だけをクローズアップした授業にしてしまうでしょう。

授業（本時）は、前述のような「店長さんの発注のこだわり」によって、お客さんが安心して喜んで利用できる商店になっていることを価値付けた次の時間に、参観授業として行いました。

消費期限表示の異なる2本の牛乳を横に並べて用意し、子供に「あなたならどちらを買いますか」と問いました。すると、多くの子供は消費期限の新しい（期限の長い）牛乳を買うと答えました。これは、ごく自然な発想だと思います。ここでの判断の結果が分かるように記録しておきました。

そして、実際の商店で並べてある順（手前の期限が短く、奥が長い）に牛乳を置き換え、商店にある「手前どりにご協力ください」という表示を示します。

すると、子どもは家庭での生活において牛乳を消費する様子を思い浮かべながら、店長さんの「手前どり」の協力のお願いと、「売り切らない」という発注のポイントのよさが関係付くように、よりよい買い物の仕方を考えます。

先ほどの判断の結果（消費期限の新しい牛乳を買う）から考えが変わった子供を中心に発表してもらい、「牛乳をどのように使うかで、買い方を決めたほうがよい」とまとめます。このように、「手前どり」の意味を理解することで、結果的に食品ロスの削減に結び付く行動変容までを期待することができるようになります。

03

「教材化を本時で生かす発問・切り返し・机間指導・ゲストティーチャー招聘のポイント」

■よい授業は、よい発問から

教材研究により、子供に獲得させたい概念的知識を明確にすることができれば、後はどのように授業を展開して、子供たちの学びを深めていくかが勝負となります。

このとき、最も大切となるのが「教師の発問」です。発問次第で、子供が「学びたい、知りたい、調べてみたい」と、興味や関心をもち、学びが活性化されることもあれば、反対に、教師の一方的な指示や投げかけになってしまえば、学びが停滞してしまうこともあります。こうしたことを踏まえ、教師は子供の知的好奇心を揺さぶり、学びたくなる発問を意図的に示すことが大切です。

この発問の工夫は、本時で教材化を生かすためにも必要です。発問の言葉を工夫することができれば、社会的事象の意味を問う本時の問いにつながっていきます。

例えば、「わざわざ〜しているのはどうしてかな」「〜すればいいのに、どうして〜しているのかな」「〜のはずだけど、〜しているのはなぜかな」など、事実を焦点化して、あえて〜している理由を問うたり、比較・矛盾により〜ではなく〜している意味を問うたりすることで、子供は、教材の価値に迫ることができます。このように、教師の的確な発問により、学びを方向付けることが大切です。

子供に何を、どのように問えば本時で獲得させたい概念的知識に迫ることができるのか、言葉を絞り込み、意図的に発問することが必要です。

■切り返し名人は、授業名人

教師がただ「いいね」「すごいね」と褒めるだけでは、子供の学びは活性化しません。授業が活性化するかどうかは、子供とのやり取りにかかっています。端的に言えば、教師の応答技術の高さが、授業の質を決定付けます。

子供の思考を活性化し、学びの質を高めるには、教師の切り返しが欠かせません。子供一人一人の考えを認めつつも、教師は意図的に、適切なタイミングで切り返しをして、子供の学びを深めていくことが大切です。

例えば、「売り手ではなく、買い手ならどうかな」「幕府の立場ではなく、当時の民衆の立場ならどうかな」などと、立場を変える切り返しをしたり、「そんなによいものなら、もっと増やしたらどうかな」「これからもずっと続けていって本当に大丈夫かな」などと、視点を変える切り返しをしたりするなど、教師が意図的に追究の視点を変えることで、子供の学びは深まります。

・追究の立場や視点を変えて、違う立場、別の視点から問い直す
・質（量）の追究の場合、量（質）の追究で問い直す
・プラス面の追究の場合、マイナス面で問い直す

子供の深い学びを実現するためには、教師が切り返しをしたり、新しい事実を提示したりして、子供が本時の中で、これまでの考えを吟味・判断・再考できるような場面を設定することが大切です。

■机間指導で、自信をもたせる

学級の中には、自分の考えになかなか自信がもてない子もいます。そのような子には、机間指導中に適切に褒めたり、困っている場合はヒントを示したりするなど、意図的に関わることが大切です。場合によっては、ペア学習でノートを交換したり、グループ学習で互いの考えを交流したりすることも有効です。また、スクールタクトなどの画面共有機能を使うことも効果的です。

教師は、机間指導を通じて、その子が、どのような立場や視点から追究しようとしているのか、また、学級集団全体としては、どちらの立場や視点から追究しようとする子が多いのか、しっかりと把握する必要があります。

本時における追究の方向性を、机間指導を通じて的確に把握した上で、教師は、子供それぞれの考えを意味付け、価値付けをしていくことが大切です。

■ゲストティーチャーとは、事前の打合わせを綿密に

本時場面において、ゲストティーチャーを招く場合は、どの場面でどのように登場し、何について話をしてもらうか、事前の打合わせを綿密に行うことが大切です。特に、授業の終盤で登場してもらう場合は、しっかりと時間を確保すること、端的に話をしてもらうこと、場合によっては子供からの質問に回答してもらうことを確認しておくとよいでしょう。

04

ノートでの振り返りを使って学びを深めるポイント

■毎時間振り返りを書くことで力が付く

振り返りというと単元の終わりに単元の学びを振り返って書く学習活動が思い浮かぶかもしれません。しかし、毎時間の授業の最後でノートに振り返りを書くようにすれば、その１時間の学習での学びが深まるだけでなく、学びの積み上げを子供自身が自覚できるようになります。また、毎時間の振り返りは、学習指導要領で述べている「よりよい社会を考え学習したことを社会生活に生かそうとする態度」の育成にもつながると考えています。

■書く項目を決めることで、振り返りは短時間で書ける

毎時間振り返りを行うことの有効性について話をした際、よく他の先生から言われたのが「振り返りを書く時間がとれない」というものです。確かに授業時間内に振り返りを書かせ終えるためには、子供が素早く書けるようになっている必要があります。

そこで、書く項目をあらかじめ子供と取り決め、社会科に限らずどの教科でも振り返りを書かせるようにしました。その結果、段々と短時間で書けるようになりました。

書く項目は、①「今日の授業で分かったこと」、②「自分はどう考えたのか」、③「誰のどんな意見で学びが深まり、次時に向けてさらにどんなことを学びたいか」の３点です。これらを短い言葉でノートに記載します。子供の振り返りは、知識・技能、思考・判断・表現、主体的に学習に取り組む態度に関連付けることで、指導と評価の一体化を図ることができるので、授業改善に資すると考えています。

ここでは、振り返りによって学びが“深まる”とはどういうことか、２つの実例を示しながら考えたいと思います。

■【ポイント1】自分の思いを書くことで意識化させる

6年生「なぜ日本は中国の学校を無料で建てているのだろう」という日本の草の根無償資金援助の意味について考えた学習です。この学習では「日本にとって」「中国にとって」と2つの「立場」を意識できるように授業を構成しました。

次は、学習後のある子の振り返りです。

「日本は中国のたくさんの地域に学校を作っていることが分かりました。最初はなぜ他の国のためにお金を出すの？と思ったけれど、これは中国との友好関係を築き、貿易を末永く行うためにやっていることが分かりました。これから私はどうやったらその国と仲よくできるかを考えたいです」

この子供の振り返りでは、本時で自分がどのように考えたかだけでなく、今後自分たちはどうしていくべきかまで意識化されていることが分かります。また、本時でねらいとしていた「立場」を意識して思考したこともよく表れています。今まで意識していなかったことを浮かび上がらせる振り返りができれば、学びが深まると言えるのではないでしょうか。

■【ポイント2】自分の考えがどう変容したかを可視化する

「どうして伊藤博文は工女を全国から富岡に集めたのだろう」という問いから考えた授業の例です。ある子供は最初その理由を「工業を盛んにし、国を豊かにするため。（殖産興業→富国強兵）」と、ノートに記述しました。

話し合いを終えた後、この子供は「Aさんの言った『育てる工業』というのはそのとおりだと思いました。ただ糸を売るだけでなく『西洋に追いつく』ための未来に向けての工業だと思いました。日本のすごさを示すものだとも思いました」と振り返りをしました。

この子供は、Aさんの「育てる工業」という意見を聞いて、自分自身の考えに変容があったことを振り返りに書いています。目の前の外貨獲得のためだと思った富岡製糸場が、実は全国に技術を伝えるための「人を育てる工場」だったと考えたのでした。このように1時間のはじめと最後に自分の考えを記述することで、自分の学びの変容を可視化できるのです。

また、この場面はその単元の最後に位置付けたため、子供自身が1時間での変容を自覚できただけでなく、単元を通した振り返りともなっています。

05

教材化の視点から板書構成を考えるポイント

■板書構成を考えることで、確かな学力を付ける

よく若い先生から「社会科の板書はどのように考えていくとよいですか？」「資料をどのように提示し、板書にどう位置付ければよいですか？」「いつも同じような板書構成になってしまって困っています」と、板書について相談されることがあります。

板書構成で大事なことは、①１時間の「問い」はどのような言葉で表すのか、②資料をどのように活用し、どこに位置付けるのか、③１時間の「問い」に対する子供たちの考えを、どのように分類・整理しながら板書に位置付けるのか、④位置付けた子供たちの考えをどのように関連付けていくのか、⑤まとめはどのように書き表すのかです。この５つを大事にしながら、板書構成を考えていくことで、子供たちの多様な考えを生かし、確かな学力を付けていくことができます。

■様々なパターンがある板書構成

板書構成では、様々なパターンで表すことができます。そのパターンを具体例をもとに紹介していきます。

【位置や空間的な広がりを見せる際の板書】

６年「武士の世の中」の単元で、江戸幕府が265年間も続いた理由を、鳥取藩・金沢藩・盛岡藩などが１年おきに江戸に訪れる参勤交代と関連付けながら、江戸と各藩との位置関係や空間的な広がりを表していきます。

【時期や時間の経過を見せる際の板書】

６年「近代国家への歩み」の単元では、不平等条約がどのように改正されていったのかを、明治政府が進めていた近代国家への様々な政策と関連付けながら、時間の経過を表していきます。

【ニーズの視点から教材化した際の板書】

3年「店ではたらく人」の単元では、店長さんがラーメン売り場にタレも置いて販売する理由を、お客さんにとってさらに買いやすく便利な関連陳列と結び付けながら、お客さん側とお店側のニーズの視点を表していきます。

【立場の視点から教材化した際の板書】

5年「くらしを支える情報」の単元では、一人暮らしのお年寄りのために、情報ネットワークはどのように活用されているのかを、一人暮らしのお年寄りやその家族など、様々な立場の視点を表していきます。

【持続可能の視点から教材化した際の板書】

5年「わたしたちの生活と食料生産」の単元では、常呂町のホタテ漁師さんが、どうして「四輪採制（＝海底を4つの海区に分けて、育成栽培する漁法)」を行うのかを、資源を守る視点と計画的に取り続けていく視点に分類して、持続可能の視点を表していきます。

【貢献の視点から教材化した際の板書】

6年「町人の文化と新しい学問」の単元では、杉田玄白によって解体新書が作成された当時の時代背景を探りながら、解体新書が世に発刊されたことで、当時の人々への学問の広がりが波紋のように波及していったことを、貢献の視点で表していきます。

このように、板書構成を単元や1時間の学習の中で考えていくことを通して、社会の様子や仕組み、さらには具体的人物の営みが見えるようしていくことがとても大事になってきます。

■よりよい授業への第一歩につながる板書構成

板書構成では、子供たちの思考の流れや問題解決の筋道が見えるようにビジュアル化を図るために、子供たちの生の声や反応を分類・整理しながら位置付けていくことはもちろん、子供たちの反応に応じて、柔軟に板書構成を変化させていくことや深化させていくことが求められています。

板書構成を考えることで、授業がより研ぎ澄まされ、自分自身の授業力を高めていくことができます。毎時間ではなくても、板書構成を常に大事に構築していくことが、よりよい授業につながります。

06

「効果的なICTの活用、1人1台端末で協働的な学びを組織するポイント」

■効果的なICT活用とは？

社会科において効果的にICTを活用する場面はどのようなイメージでしょうか。子供たちの問いを生み出すような「資料」を大型モニタに提示することでしょうか。調査のためにインターネットで調べ活動を行うことでしょうか。ICT活用といっても単元の学習過程において、その活用法や効果は多様です。さらに1人1台端末の時代になり、効果的にICTを活用するのは教師から子供になってきました。ここでは固定観念を取り払い、学習過程におけるICT活用を考えてみましょう。

①課題把握におけるICT活用

本書のテーマでもある「発想を転換する社会科学習」において、大型モニタで視点を固定し、資料をアニメーションで少しずつ提示したり、複数を比較したり、拡大したり、動画にしたりする方法で子供たちの問いを引き出します。ここまでは教師のICT活用です。

GIGA時代は子供たちのICT活用が求められます。子供たちの端末に資料を配付し、気が付いたことや疑問に思うことを書き込んだり、図示したり、前時の板書画像を確認したり思い思いに問いを深めていきます。さらには、授業支援ソフトを活用し、他者の端末を覗いたり、自分との違いを見付けたりしながら協働的に関わることが可能です。教師もまた一覧表示で子供それぞれの問いをつなぎ、醸成して学習問題を設定していくことが可能になります。学習問題が決まれば子供たちは端末で仮説や計画を立て、教師に送信します。

②課題追究におけるICT活用

学習問題を解決するために取り組むのが「課題追究」です。課題追究には、「情報収集」と「考察・構想」の学習過程が考えられます。まず「情報収集」ですがICT活用＝インターネットではありません。基本は野外調査や社会調査です。

野外調査では地域にある消火栓を数えたり、伝統的な建造物を観察したりするなどの活動が重要であり、ICTの活用は必須です。写真撮影したり、地図にマッピングしたりするスキルを育てなければいけません。

社会調査では事業者などへの聞き取りや工場の様子を撮影したり、利用者にGoogleフォームなどでアンケート調査を行い、集計をグラフ化したりするスキルも必要になってきます。インターネット調査では出典を明示し、必要な情報を切り取りドキュメントにまとめるなど自分なりの根拠を作成していくことが求められます。

「考察・構想」では収集した情報をどう読み取るかが重要です。具体的には情報を比較したり、分類したり、関連付けたりすることです。ここでもICT活用が効果的です。「デジタルノート」型のアプリを活用することで、調査した画像や動画、グラフやサイトなどをカード化してノート上に配置します。さらに、シンキングツールなどを活用して類分けし、「消費者の視点」「生産者の視点」など多角的な考察を引き出します。

③課題解決におけるICT活用

問題解決のために収集した情報を分析し構想を立てたならば、「まとめ」（表現）の過程となります。これまでは「新聞」を作成したり、ポスターにまとめたりすることが社会科では定番でしたが、GIGA時代は「デジタル」でのまとめ活動が主流となります。

ドキュメント系アプリで新聞作成する場合は、資料となる画像やグラフを容易に挿入することが可能です。また編集も可能なので自分で納得のいくものを作り上げることができ、主体的な学習態度を育てることにもなります。Webにアップすることで地域の方々に公開したり、遠隔交流で他の地域の小学生と交流したりすることが可能です。多様な他者との表現活動に取り組むことができます。

▩協働的な学び生み出す

これらの活動はすべて、一人一台端末で他者と協働で取り組むことが可能です。特にまとめ活動では、チームで同時編集で新聞作成を行ったり、自分たちの考えをプレゼンテーションソフトなどでまとめて、考えを主張することもできます。構想における「選択・判断」力を鍛えるためにはこのようなチームでの協働的な学びが重要であり、ICT活用の中でも得意としているところです。

第4章

発想の転換を生かした社会科学習　実践事例

Theme01

「ニーズ」をテーマとして単元を教材化する

ニーズとは、「これが欲しい」「こんなものがあるといいな」といった要求のことです。小学校の社会科授業で見てみましょう。例えばスーパーマーケットでは、お客さんがトマトを買おうとしたとき、「まとめ売りの値段が安いトマトが欲しい」「ばら売りで1つだけ欲しい」「フルーツトマトのように甘くておいしいトマトが欲しい」「消費期限が近くて廃棄されるのがもったいないから、熟していても値下げしているトマトが欲しい」「鮮度がいいトマトが欲しい」「ミニトマトが欲しい」などというように、お客さんのニーズは様々です。

これらのニーズをまとめていくと、価格、種類や量、品質、付加価値、環境などの視点からニーズを捉えていくことができるでしょう。それでは、こうしたお客さんのニーズに合わせてスーパーマーケットの店長さんの売り方の工夫を学んでいくとしたら、どのような教材化ができるでしょうか。

3年生「スーパーマーケットで働く人の仕事」の単元を基に考えてみましょう。「お客さんの様々なニーズに合わせて、スーパーマーケットは工夫して売っていること」に気付くようにするためとはいえ、先に述べたような様々なニーズを授業でいきなり教師が提示することはしません。単元の活動を計画した上で、子供たちが気付いていけるようなしかけを考えます。

まず、子供たちは、家での買い物の経験から、「チラシを見て安いお店に買いに行く」「同じ商品でもまとめて買うとお得」といった生活経験をもっています。そうした消費者の買い方を意識しながら、販売者である店長さんも安売りなどの特売をしたり、まとめ売りでたくさん買ってもらえるように工夫したりして売っていることを学べるようにしていきます。

単元の前半では、消費者の「安くていいものを買いたい」というニーズに応えるために販売者が工夫して売っているということを、調べ学習や聞き取り調査などを通して捉えていきます。そうした単元での学びの積み上げを土台としながら、本時では社会的事象の意味を考える問いが生まれ、学びを深めていけるように教材化を図るのです。

スーパーマーケットで働く人の工夫を学ぶ学習を行うにあたっては、教師がスーパーマーケットに行き、子供に見学させてもらうなどのお願いを店長さんにすることが多いと思います。その際には、店長さんには授業のねらいを伝え、情報提供のご協力をいただくお願いをし、本時の学びに生かされる教材化とするための取材をさせてもらうとよいでしょう。

さて、こうした教材研究を踏まえ、本時の社会的事象の意味を考える問いが生まれるようにする教材化についてみていきます。

単元を通して、スーパーマーケットで働く人は、安くていいものを売るための工夫をしていると捉えている子供たちに、本時では、5個で298円のまとめ売りトマトと1個100円のばら売りトマトを提示します。子供たちは、「大きさも品種も同じなのだから、まとめ売りのほうがお得だ」「ばら売りのトマトは高いな」と感じるはずです。そこで、1日に売れる個数もまとめ売りが300個、ばら売りは30個だと資料を提示します。すると、子供たちは「やっぱりまとめ売りが安くて売れている。ばら売りは高いから売れないんだ」と考えるでしょう。

そこで、「店長さんはばら売りを行う必要ないのではないか」という発言や「ばら売りもまとめ売りも両方行う必要があるよ」という子供の声をつなぎ、「なぜ、店長さんはばら売りのトマトも売るのだろう？」という本時の問いを生み、追究していくようにします。前時までに安くて買いやすいように店長さんは工夫して売っていると思考していた子供たちは、本時での学びを通して、安さだけでなく、家族構成や料理に合わせて売る量も工夫していることに気付き、理解の質を高めていきます。

追究が進んだところで、3個で498円のフルーツトマトを提示します。このトマトは1日に10個しか売れません。この社会的事象の意味を考える活動を通して、店長さんは、品質のよい商品を求めているお客さんのことも考えて売っていることに気付いていきます。これらの教材化を通して、「店長さんは様々なお客さんのニーズに合わせて工夫して販売している」という概念的知識につなげていくことができるのです。

このほかにも、「ニーズ」をテーマとした単元の教材化については、5年生の食料生産や工業生産の単元など、生産者と消費者の関係性が見える単元で主に教材化することが可能でしょう。

第3学年・全13時間

調べようラーメンをつくる仕事

単元目標

地域に見られる工場の仕事について、仕事の種類や産地の分布、仕事の工程などに着目して、見学・調査したり地図などの資料で調べてまとめ、生産に携わっている人々の仕事の様子を捉える。また、工場の仕事は、地域の人々の生活と密接な関わりをもって行われていることを理解できるようにするとともに、主体的に学習問題を解決しようとする態度を養う。

「発想の転換」を生かす単元づくり

「教材化」のポイント　生活体験とのつながりを！

今回は、工場で働く人の仕事についての単元を教材化することとしました。工場といっても、シウマイ工場からお菓子工場まで様々ありますが、札幌市に住む子供たちが学びを深めるために、「ラーメンのまち札幌」と呼ばれるほど有名である「ラーメン工場」を取り上げることとします。なぜならば、どの子供にとっても身近な食べ物であり、日常的にお店や家でラーメンを食べていることから、自分の生活体験とつなげて思考しやすいためです。

さて、ラーメンをつくる仕事（製麺工場）について調べる学習を教材化するにあたっては、本章のテーマにもなっている「ニーズ」を具体的にイメージしてみることが近道となるでしょう。製麺工場で作られる麺について消費者の立場から、たくさんの「ニーズ」を洗い出してみます。「コシのある麺が欲しい」「つけ麺に合う太麺が欲しい」「縮れ麺でスープに絡むものが欲しい」「保存のきく乾麺が欲しい」「どのラーメン屋にもない特注麺が欲しい」など様々です。こうした消費者のニーズを叶えるために、製麺工場は工夫や努力を重ねているはずです。工場の方に取材する際には、こうしたことを基にして具体的な社会的事象を集めます。今回は、工場への取材から、原材料の配合や機械を変えて、200種類もの麺を製造する工場の営みに着目しました。

子供たちに付けたい力や態度

■知識及び技能

・ラーメンをつくる仕事について見学・調査したり地図などの資料で調べたりして、生産に携わっている人々の仕事の様子を理解している。

■思考力、判断力、表現力等

・製麺工場の場所、仕事の工程などに着目して問いを見いだし、地域の人々の生活との関連を考え、表現している。

■主体的に学習に取り組む態度

・地域に見られる製麺工場の仕事について、予想や学習計画を立てたり、見直したりして、主体的に学習問題を追究し、解決しようとしている。

「見方・考え方」を働かせるポイント

製麺工場の仕事を見ていくと、消費者の多様なニーズに応える生産者の工夫が見えてきます。消費者の中には、ラーメン店の人、小売店の人、ラーメンを食べる自分など多くの人物が存在します。消費者の具体を想像するほどに、多様なニーズに応える生産者の営みが浮き彫りになることでしょう。また、原材料の産地や麺が消費者に届けられる運輸に着目することもできます。実際、製麺工場で使う小麦は、北海道産のものやアメリカ産のものがあります。位置や空間的な広がりに着目することで、工場と原材料の生産地をつなぐトラックや飛行機、船などの輸送方法が見えてきます。さらに、工場の立地に目を向けると、高速道路が近く、地下水が利用できる場所にあることにも気付きます。

「ICT・一人一台端末」を活用するポイント

工場のホームページを活用した調べ活動が可能です。一人一人が調べる時間をしっかりと保障します。しかし、自分だけでなく、他者が調べた情報を取り入れ、理解の質を高めることも重要です。一人一人の追究を全体で共有し、コメントし合うなどの活動が考えられます。単元の最後のまとめる活動では、ICTを活用し、Googleスライドなどにまとめることもできるでしょう。

単元の展開

①単元を貫く学習問題をつかむ

札幌市にはどんな工場があるのかな。札幌で有名な食べ物は何だろう。

地域の生産活動が自分たちの生活を支えていることに気付くために、A製麺工場の営みに目が向くようにします。ラーメンは子供たちにとって身近ですが、ラーメン店が札幌市のバス停とほぼ同じ数の約2000店舗あることや、道外の人から見ても札幌ラーメンが有名であることはあまり知りません。自分たちが何気なく食べているラーメンの生産過程についてはほとんど考えたことがないのです。身近なのに知らないという追究意欲を喚起し、学習問題をつかむようにします。

> [学習問題]
> ラーメンのまち札幌のひみつ～ラーメン工場で働く人は、どのように麺を作っているのだろう。

②調べる

ラーメン工場で働く人はどのように麺を作っているのだろう。

単元を貫く学習問題「ラーメン工場で働く人は、どのように麺を作っているのだろう」を調べていきます。

単元を貫く学習問題づくりの際に「生産工程」「原材料」「働く人の工夫」「輸送」など、子供たちが調べたいことについて学習計画を立てていますので、個々に追究していきます。現地学習を通して工場で働く人を直接見たり聞いたりする活動も取り入れます。

一人一人の調べ学習では、タブレット端末を用いて、製麺工場のホームページやパンフレットから情報を手に入れます。手に入れた情報は、Google の Classroom 内で共有し、生産過程の工夫や工場の立地と運輸の関係など、自分と仲間の追究をつなげていきます。

単元を通じた子供の変容

単元のはじめ、子供たちは「札幌にはパンや牛乳、ラーメンなどの食品工場がたくさんあるんだ」「ラーメンのまち札幌と呼ばれているんだ」「確かにラーメンを食べる機会や、ラーメン屋さんはたくさん見かけるけれど、麺を作る仕事についてはあまり知らないな」というくらいの認識でした。工場見学や資料を活用して調べる学習を進める中で、「原材料は、海外からも輸入されているんだ」「工場の人が白い服を着ているのは、衛生面に気を付けているんだ」「麺を研究する仕事もあるんだ」と、ラーメン工場の仕事に

③考え・学び合う

なぜ、ラーメン工場で働く人は200種類もの麺を作るのだろう。

社会的事象の意味を考える1単位時間を設定します。

> **【社会的事象の意味を考える問い】**
> 「ほとんど見た目が変わらないはずなのに、なぜA製麺工場は200種類もの麺をつくるの?」

原材料の配合、機械、生産ラインを変えてまで200種類もの麺を生産するA製麺工場の営みの意味を考えます。これまでの調べ学習で学んだ既習を用いながら思考できる問いであることが重要です。

他の製麺工場の営みと比較しながら、札幌ラーメンを支えるA製麺工場、B製麺工場、C製麺工場はそれぞれが工夫をし、生産活動をしていることを関係的に捉えられるようにします。

④まとめ・生かす

ラーメン新聞にまとめ、工場で働く人の仕事についてまとめよう。

新聞に表現する活動を取り入れることによって、単元で積み上げてきた学びを表現し、見取ることができるようにしていきます。

新聞づくりは、ラーメンのまち札幌を支える麺づくりの秘密を学んできた子供たちが自分自身の単元の学びを自覚できる活動でもあります。単元で集めた資料や写真などを用いて、タブレット端末を活用したまとめの活動などに置き換えることもできるでしょう。

こうしたまとめの活動を通して、工場で働く人の仕事が自分の食生活を支えてくれているという気付きを改めて大切にしたいものです。単元の振り返りでの教師の関わりが重要となります。

ついての知識を身に付けていきました。「ラーメン工場では、衛生面に気を付けながら、おいしい麺を作っている」と捉えたのです。その上で、社会的事象の意味を考える本時の問いを追究しました。「おいしさを研究していた努力が、200種類の麺につながっている」「A製麺工場は、消費者の欲しいものを作っている」「製麺工場では、様々な消費者の欲しい麺を作り続けようとしている」と考え、「消費者ニーズに応えながら麺を作ることで、ラーメンのまち札幌を支えている」という認識へと変容していきました。

社会的事象の意味を考える本時（第11時）

ほとんど見た目が変わらないはずな

展開① 問いを生む場

生麺の比較から問いを生む

[具体的な教師の関わり]

はじめに、大型画面に見た目のほぼ変わらない2つの生麺を映し出します。子供たちが2種類の生麺を比較することで、原材料の配分の違いや麺の縮れ具合、麺の太さなどの細かな違いに目を向けていくためです。このような麺を製麺会社はどのくらい作っているのかを、少しずつ視覚的に提示していくことで、麺の種類の多さに気付かせます。200種類提示したところで、「見た目はほとんど変わらないはずなのに、なぜこんなにたくさんの種類の麺を作るのだろう？」という問いを生みます。

展開② 自分の考えをまとめる

200種類の麺をつくる意味を考える

[具体的な教師の関わり]

子供たちは、「麺の太さや硬さには好みがある」「毎日同じ麺だと飽きてしまう」など、消費者の視点から好みに関するニーズについて考えていきます。

その際、教師は消費者の視点から考えていることを価値付けつつ、製麺会社の立場の人の考えにも目を向けられるようにします。そうすることで、おいしさを追究する生産者のこだわりや生産技術の向上など、消費者のニーズに応える工場で働く人の営みが見えてくるからです。

板書例

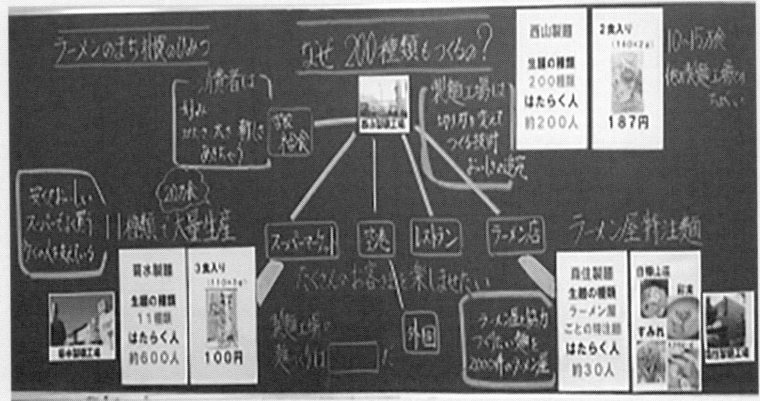

のに、なぜA製麺工場は200種類もの麺をつくるの？

展開③ 考えをつなぐ場

生産者と消費者の立場から考える

[具体的な教師の関わり]

全体交流の場では、これまでの調べ学習などとつなげながら、A製麺工場では、スーパーマーケットなどの小売店やレストランやラーメン屋などの飲食店へ向けて、多様なお客さんのニーズに応える麺を生産していることが分かるように、麺の流通先を視覚的に捉えられるように板書で示していきます。

消費者のニーズに応える製麺工場の工夫が子供に理解しやすくなるように板書で支援をしていくのです。

展開④ 吟味・検証・再考の場

A製麺工場：中規模
●200種類の麺
B製麺工場：大規模
●スーパー用11種類の麺
C製麺工場：小規模
●ラーメン店用特注麺

多様なニーズに応える製麺会社の営みに目を向ける

[具体的な教師の関わり]

最後に3つの製麺工場のデータを示します。【A製麺工場の200種類多品種生産の製麺の営み】【B製麺工場の11種類大量生産の製麺の営み】【C製麺工場のラーメン店専用特注生産の製麺の営み】を比較することで、それぞれの製麺所は多様な消費者ニーズに応えていることを検証できるようにします。3つの製麺工場の立場で考えることで、札幌ラーメンを支えるために、どの製麺工場も消費者のニーズに応える麺作りをしていることの理解につながっていくようにするのです。

教師と子供の対話例

子供たちは、単元を通してA製麺工場の営みを調べる活動を重ねることで、A製麺工場のファンになっていくことが多いです。それは自分たちが食べている麺を作る工場だからです。

学びが進むと、「お店でA製麺工場の麺を買ってみたよ」「バイキングに行ったとき、A製麺工場の麺だったよ」などと教えてくれる子供たちが現れます。

そうしたよさが見られる一方で、工場で働く人の学習ではなく、A製麺工場そのものの学習になってしまう恐れもあります。

本実践では、授業の後半に規模や生産方法の違う3つの製麺工場を意図的に提示し、「どの製麺工場がラーメンのまち札幌を一番支えているの？」と教師が問いかけてみました。

子供たちは、「スーパーで買うときはA製麺工場だけど、ラーメン屋のときは、C製麺工場が支えているな」と発言しました。どの工場も消費者のニーズに応えて生産活動をしていることを捉えていった姿といえるでしょう。

第3学年・全12時間

店ではたらく人①

単元目標

販売の仕事に携わる人たちの様子について、消費者の願いと販売の仕方を比較・関連付けたり、分かったことを総合するなどして、販売の工夫について考えを深めることができる。また、学習したことをもとに、社会への関わり方を選択・判断して、適切に表現することができる。

「発想の転換」を生かす単元づくり

「教材化」のポイント　事象の絞り込みが鍵

今回は、「ニーズ」という視点から「店ではたらく人」の単元を教材化しました。子供たちにも身近なスーパーマーケットですが、消費者のニーズは多種多様で、店の工夫と言ってもきりがないくらいあります。そこで大切になるのが事象の絞り込みです。事象を絞り込む際には、①「ニーズを考えるための追究の財産（見ている・している・知っている）があるか？」、②「ニーズを支える店の工夫が具体的に見えるか？」の２つが大切です。また、生活経験が足りない場合には、見学やインタビュー、具体物や体験などで補うようにします。

本単元では、「見切り品の野菜販売」「魚の調理サービス」の２つに事象を絞り込みました。「見切り品の野菜販売」では、子供のもっている「もったいない」という感覚を生かして、消費者ニーズについて自分の家での経験をもち出して追究することができます。また、「魚の調理サービス」では、要望に合わせて素早くさばく技や、処理する生ごみの量を提示することで、「手軽に魚を食べたい」というニーズに応えるための努力や苦労を実感させることができます。

まずは、教師自身が店に足を運び、授業の流れや子供の反応を想定しながら取材し、その店で大切にしていることを店長さんにインタビューするとよいでしょう。足を使った教材は、子供たちを惹き付けること間違いなしです。

子供たちに付けたい力や態度

■**知識及び技能**

・消費者の願いや販売の仕方などについて、見学・調査しまとめることを通して、売り上げを高めるための販売の工夫について理解している。

■**思考力、判断力、表現力等**

・消費者の願いや販売の仕方などに着目して、販売の仕事の様子を捉え、それらの仕事に見られる工夫を考え、適切に表現している。

■**主体的に学習に取り組む態度**

・地域に見られる販売の仕事について、予想や学習計画を立てたり見直したりして、主体的に学習問題を追究し、解決しようとしている。

「見方・考え方」を働かせるポイント

販売の工夫を消費者ニーズと関連付けて捉えられるようにします。例えば、品揃えの工夫の裏側には、「自分の好みや家族構成に合わせて買いたい」、陳列の工夫の裏側には「ついでに買いたい」、産地の工夫の裏側には、「国産の物にこだわりたい」といったニーズがあります。消費者の願いを具体的に追究させ、相互関係に着目して販売者の工夫を捉えることで、工夫の意味や価値を実感することができます。さらに、立場や視点に分けて構造的に板書することで、社会的事象の意味を多角的に考える力がより養われていきます。店長さんの顔写真をいつも掲示しておくことも、立場を意識するためには有効な手立てです。

「ICT・一人一台端末」を活用するポイント

教師や子供が撮った店内の写真を共有ドライブに保存しておくことで、店内配置図を作成する活動やGoogle スライドを使ったまとめなどに活用することができます。また、調理サービスの動画をGoogle Classroomから配付することで、個々のペースで視聴しながら自分の考えをまとめていくことができます。データを共有できるよさや、自分のペースで資料を何度も見られるよさを生かして、目的に合わせて活用していくことがポイントです。

単元の展開

①単元を貫く学習問題をつかむ

家の人は、どんな店にどんな目的で買い物に行っているのだろう？

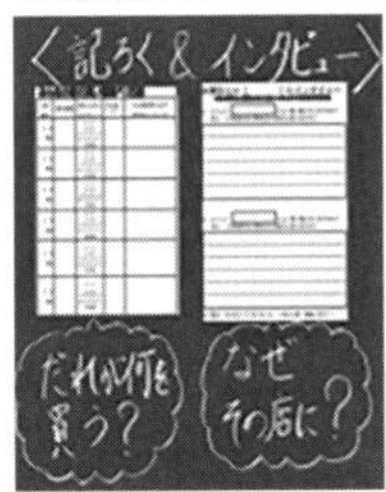

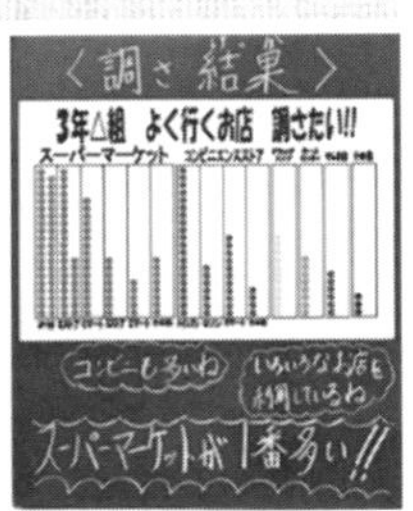

本単元は、家の買い物調べからスタートします。ここでは、どのお店をどんな目的で選んでいるのかについて調査をします。このような活動を行うことで、消費に関わる追究の財産をどの子にも保障することができます。さらに、スーパーマーケットが圧倒的に多いという結果と、「来客数が１日〇千人」という資料の提示から、「〇〇スーパーでは、お客さんが買い物をしやすくするためにどんな工夫をしているのだろう」という、単元を貫く学習問題をつくっていきます。

【学習問題】
〇〇スーパーではお客さんが買い物をしやすくするためにどんな工夫をしているのだろう。

②調べる

お客さんが買い物をしやすくするためにどんな工夫をしているのだろう。

見学前に、どんな工夫をしているのか予想を立て、視点をつくることが大切です。Google Jamboard の付箋機能を活用して、教科書に載っている店内の絵に気付きや予想を書き込み、グループで交流すると効果的です。

また、全体交流では、「品揃え」「商品のよさ」「値段」「便利」といった視点で分類して板書することで、「品揃えの工夫を探したい」「お客さんにとって便利な工夫を調べたい」など、見通しをもたせることができます。

見学の際は、必ず見せたい売り場を白抜きにした店内配置図を持たせて、書き込ませるようにします。見学が困難な場合には、教師が店内の写真を撮り、一人一台端末を利用して疑似見学をしましょう。

単元を通じた子供の変容

単元のはじめ、子供たちは、「お店は、いつでも買いたい物が揃っている所」という認識で、自分たちの生活が働く人の工夫や努力によって支えられていることには気付いていませんでした。しかし、買い物調べやインタビュー活動を通して、「きっと、何か工夫があるはずだ」と興味をもちはじめました。このような子供たちの意識を束ね、「どうしてスーパーマーケットにお客さんが集まるのだろう」「いろいろな工夫があるはずだ」と、見通しをもってお店見学に出かけました。

③考え・学び合う

店長さんは、どうして無料で魚の調理サービスをしているのかな？

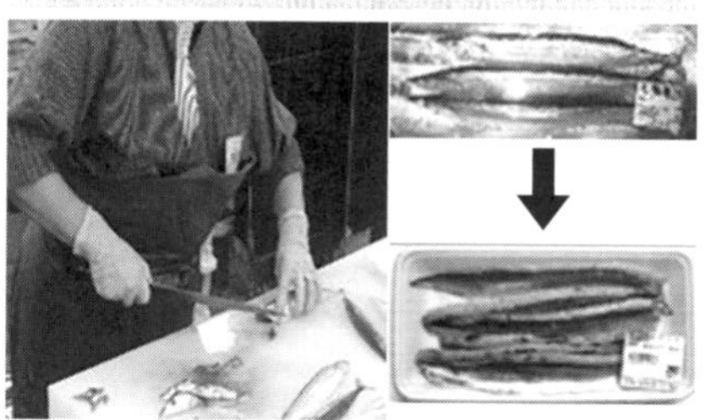

社会的事象の意味を考える１単位時間を設定します。

【社会的事象の意味を考える問い】
「1 日に 1000 匹もさばくのは大変なはずなのに、なぜ店長さんは無料で魚の調理サービスをしているのかな？」

そのままで売ってもいいのに、手間をかけて無料で魚を毎日 1000 匹さばくという事実から、「魚の調理サービス」の意味について考えていきます。さばく様子を動画で視聴したり、１匹丸ごとの魚とさばかれた魚の具体物を比較したりしながら追究していきます。においをかぐなどの諸感覚を発揮しながら、消費者のニーズについてより具体的に想像し、販売者の工夫や思いと関連付けていくことを大切にします。

④まとめ・生かす

「お店の工夫 TOP3 スライド」でまとめよう。

第１位「キャベツのカット売り」

色々な大きさで売られているので、家族の人数や料理によって選ぶことができて便利です。いろんな人においしい野菜を食べてほしいという願いが込められています。千切りキャベツも売っているよ！

単元のまとめとして、Google スライドを用いた、「お店の工夫 TOP3 スライド」を個々に作成させ交流します。どんなニーズに応えるためにどんな思いでどんな工夫をしているのかを表現させましょう。

見学の際にグループで撮った写真などをフォルダ分けし共有ドライブ内にあらかじめ保存しておき、スライドに貼り付けて自由に活用できるようにしておくとたいへん便利です。

また、フォーマットを Google Classroom から配付することで、作成時間を短縮し評価もしやすくなります。新聞やポスターと違い簡単に修正が可能なので、友達との交流を通して自分のスライドを見直すことができることも ICT 活用のよさです。

見学の後、「見切り品の野菜販売」と「魚の無料調理サービス」の２つの事例から考える場を設定しました。具体物のほかに、魚をさばく動画や生ごみの視覚的提示など、ICT の活用によって実感を伴った学びとなりました。子供たちは、「安く買いたいお客さんのために」「手軽に魚を食べたいお客さんのために」「手間がかかっても喜んでほしい」など、消費者ニーズと販売者の工夫を関連付けて考え、「自分たちの生活が様々な人の工夫によって支えられている」という認識へと変容していきました。

社会的事象の意味を考える本時（第10時間） 1日に1000匹もさばくのは大変な

展開① 問いを生む場

商品を開封してさばく映像と、1日1000匹という数から問いを生む

[具体的な教師の関わり]

本時では、「魚の調理サービス」の事実を提示します。まず、お客さんがトレーに入った魚を手渡し、店員さんが魚をさばく映像を音なしで視聴させます。「そのまま買わずにさばいてもらっている」「素早い」「プロの技」「生ごみが出るよ」といった発言を引き出します。さらに、1日に1000匹をさばいているという事実を提示することで大変さを浮き彫りにし、「店長さんは、どうして無料で魚の調理サービスをしているのかな？」という問いを生みます。

展開② 自分の考えをまとめる

具体物の比較から、調理サービスの意味を考える

[具体的な教師の関わり]

子供たちは、映像資料や具体物、これまでの調べ活動をもとに、「においのする生ごみを少しでも減らしたい」「魚をさばくのが苦手な人でも大丈夫」「料理に合わせて上手にさばいてほしい」といった消費者のニーズと、それを支える販売者の思いに迫っていきます。机間指導の中では、より具体的に考えられるように、「例えば」や「もし」といった言葉を使っている子を価値付けます。また、立場を意識させるために、「誰が？」と問いかけることも有効です。

板書例

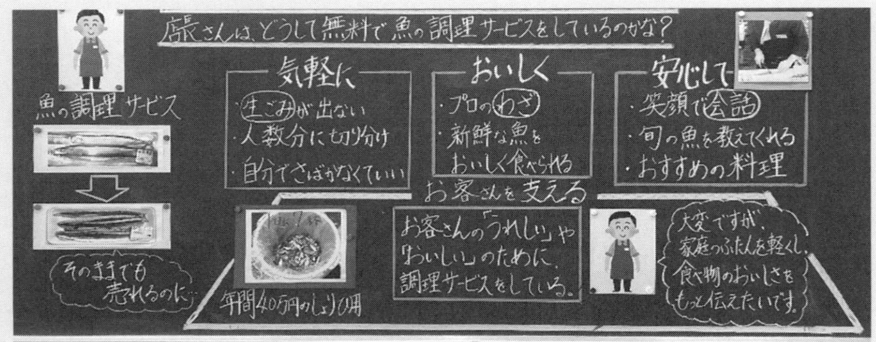

はずなのに、なぜ店長さんは無料で魚の調理サービスをしているのかな？

展開③ 考えをつなぐ場

生ごみは１日で
ポリバケツ７杯分

処理費用
年間 40 万円

販売者の工夫と消費者のニーズを関連付けて考える

[具体的な教師の関わり]

全体交流の場では、発言を「気軽に」「おいしく」という視点で分類していきます。また、導入で提示した動画を音声ありで再視聴し、おすすめの料理を聞いてからさばいてもらっていることに気付かせ、「安心」という視点を付加します。さらに、店で処理する生ごみの量や費用を提示することで、「そこまでしてでも、おいしい魚を食べてほしい」「お客さんのために努力している」など、消費者ニーズを支える販売者の思いを追究させていきます。

展開④ 吟味・検証・再考の場

体によい魚を、もっとたくさん手軽に食べていただくために、少しでもご家庭の手間やごみのふたんを軽くしたいと思ってこのようなサービスをしています。他の仕事もたくさんある中でこのサービスを続けることは大変ですし、生ごみのしょりのお金をはらうのも大変です。しかし、お客さんとの会話を大切にして、「人と人とのつながりの中で、食べ物のおいしさをもっと伝えたい」と思い、「調理サービス」をしています。

多様なニーズに応える販売者の生の言葉によって追究を確かにする

[具体的な教師の関わり]

本時の最後に、店長さんの言葉を提示します。子供たちは、「もっと手軽に魚を食べてほしい」「家庭のごみの負担をなくしたい」といった言葉から、自分たちの予想を検証していきます。また、「手間や費用がかかっても、人とのつながりの中で食べ物のおいしさを伝えたい」という販売者の思いに触れることで、消費者と販売者のつながりをより実感していきます。自分の予想と事実を照らし合わせる中で、深い理解につなげていくことができるのです。

教師と子供の対話例

本実践では、魚をさばく場面の動画を、導入場面では無音で、考えをつなぐ場面では音声入りで意図的に提示しました。「何を話しているのかな？」と問うことで会話内容に聞き入り、「おすすめ料理を聞いているよ」「それに合わせてさばいてもらっている」と子供たちは気付きました。特に気付かせたい部分をあえて隠す手法は、様々な場面で応用できます。

また、本時の最終場面では、自分たちの追究が正しかったのかを検証できるようにしました。ここで大切なのは、「子供たち自身が、考えを確かめたくなっているか」です。「みんなの予想は本当かな？」「店長さんは本当にそう思っているのかな？」と問いかけると、子供たちは、「店長さんにもう一度聞いてみたい」「さばいてもらったことがあるから、お家の人に聞いてみるよ」と、動きはじめます。「本当？」「絶対？」という言葉を自分自身に問いかけ、追究し続ける姿を目指していきたいものです。

第5学年・全8時間

情報を生かす産業

単元目標

情報を活用する産業について、相互関係（利用者や事業者など）に着目して、情報を生かして付加価値を高めている産業について捉え、多角的・多面的に考えることができる。

「発想の転換」を生かす単元づくり

「教材化」のポイント　－を＋にして、ニーズに応える

どの都道府県にも公共交通機関があり、特にバスは47都道府県で走っています。しかし、地域の足として必要とされるバスの多くは、乗車数が減りどのように存続するかが課題になっていることも少なくありません。

札幌市においては、2000ケ所のバス停があり、どこへでも行くことができる便利な乗り物ですが、バスに乗車する人数は年々減っている傾向にあります。一方で、車に乗ることのできない方にとっては欠かせない乗り物なのです。

乗車人数の減少は、自動車に比べて、自由に行き来できない点やバスがいつ来るか分からない点、バスの待ち時間がある点などが理由として考えられます。右のグラフからも同様のことが言えます。このことが解消されれば、バスに乗ろうとする人が増えるはずです。

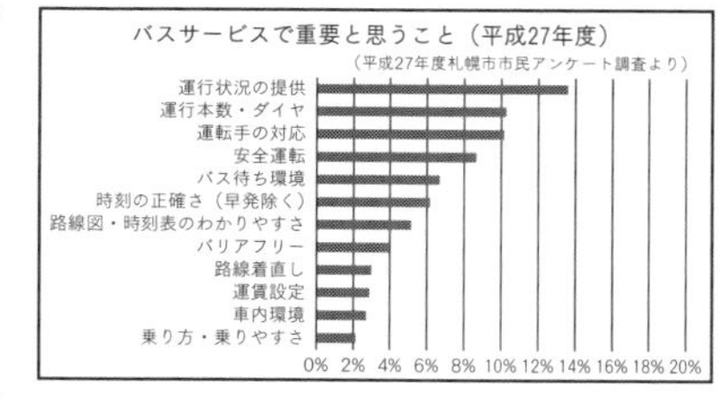

こうしたマイナス面をニーズと捉え、バスの価値を高めるために活用しようとバス会社は工夫や努力を重ねています。それが、バスロケーションシステムというバスの位置が分かるシステムに代表される通信情報技術の活用なのです。

子供たちに付けたい力や態度

■知識及び技能

ことで、我が国の運輸業を発展させ、国民生活を向上
を理解している。

表現力等

生活の利便性の向上を関連付けたり、社会への関わり
したりして、適切に表現している。

り組む態度

情報の関わりについて、予想や学習計画を立てたり見
主体的に学習問題を追究し、解決しようとしている。

を働かせるポイント　待ち時間を有効活用

もう少しゆっくりできたのに」「えっ？　今日はバス遅
逃しちゃった」
れたことはありませんか。バスがいつ来るのかが分かれ
りやすくなります。バス会社にとっても、乗客数が増え
バスロケーションシステムなどの情報通信技術を活用
減らし、私たちの使える時間を増やしているのです。ど
n-Win の関係を築くことがバスの価値を高め、ニーズ
がります。このような追究が、相互関係的な見方・考え
ながるのです。

末」を活用するポイント　キーワードの共有

学習をはじめる際、追究していこうとするキーワード
共有する場面を構成します。キーワードのみにするこ

・			
	バスの中	バス停	スた
・			
・	空港で見た	バスを待つところ	クれ

とで、追究の方向性を明確にし、他者に働きかけたくなる姿をより引き出せると考えます。また、追究のヒントや多角的・多面的に捉えるきっかけにもなります。

単元の展開

①単元を貫く学習問題をつかむ

札幌市のバス乗車人数とバス走行距離のグラフを読み取ろう。

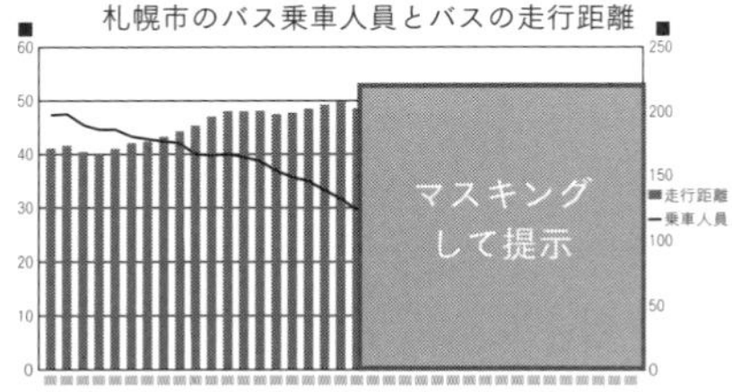

1年ごとのグラフを提示（上図）し、マスキングした箇所を示し、「この後どうなっていくか」と発問して予想したうえで、自分の予想と結果を比べながら資料を読み取っていきました。「乗る人は減っているよ」「途中から乗る人は減っていない。何かある」など、子供同士の自然な対話が生まれました。

あえて一つずつ提示することで、対話をする隙間をつくるのです。この対話から子供一人一人の小さな問いを引き出し、学習問題をつくるようにするのです。

> **【学習問題】**
> バス事業者は、どのような情報を活用して、乗車人数を維持させているのだろう？

②調べる

どんな交通情報があると乗りやすいか、インタビューしよう。

平成24年と平成27年に行った「バスサービスで重要だと思うこと」という調査結果を、子供たちに提示します。子供たちはどちらにも「運行情報」に関する要望が上位を占めることを読み取っていきました。何がニーズかに気付いたのです。

そこで、自分たちが気付いたことをGoogleフォームと、Googleスプレッドシートを活用し、全員で共有しました。オクリンクやスクールタクト等でも可能です。一人一台端末によって、瞬時に考えを共有し他者の考えに触れられます。そこから、子供たちと何をどう追究していくとよいか計画を立て、どんな運行情報があるともっと乗りやすかったか、どのようにニーズに応えているのを調べてくることにしました。

単元を通じた子供の変容

学習をはじめる前の子供たちは、「バスは走っていて当り前」「乗れるのが普通」「冬のバスを待つのは結構大変なんだよな」「バスがなかったら車に乗ればいいよ」というのが子供たちの認識でした。バスは、日常生活に当たり前のように存在しているものであるという捉えです。

③考え・学び合う

バスロケーションシステムを導入する意図について考えよう。

【社会的事象の意味を考える問い】
「このままでも便利なはずなのに、なぜバス会社はバスロケーションシステムを札幌市の全ての区で使えるようにするの?」

ICT を活用し、問いに対する考えを一言で書くように指示しました。大きな画面に一人一人の考えを映し出すことで、共通点と相違点に目が向きます。自分とは違う考えがあると聞きたくなります。今までの学び方では、誰が、どのような考えをもっているかは分かりにくかったのです。

このように、他者の考えを見える化することによって、他者の考えを聞きたいという思いを引き出せます。ICT の活用が、学びの個性化と協働的に学ぶ姿をつなぐのです。

④まとめ・生かす

交通における情報通信技術の活用によるよさと課題を考えよう。

札幌市のバス路線の収支構成比を子供たちに提示しました。赤字路線が半数を占め、札幌市が5億円もの補助金を出している事実を知ったのです。その上で、新聞に表現する活動を取り入れました。学習したことによって、自分の考えがどのように変容してきたかを振り返ることができるようにしました。

ある子は、「バス会社は、バス路線を維持するためにも、バスロケーションシステムなどの情報通信技術を導入しているんだ。便利になっても、私たちがバスに乗らないと、将来、バス路線がなくなるかも」と振り返りました。あって当たり前だったバスが、たくさんの人の工夫や努力によって維持されていることを深く理解していきました。

その後の学習を通じて、「バス会社は、アプリを開発して公共交通に乗りやすいようにしているんだ」「バス会社は、バスの位置が分かるアプリを活用して、お客さんが時間を使いやすいようにしているんだ」という認識に変容していきました。運輸に関わる産業は、情報を活用して付加価値を高め、地域の足としてのニーズに応えようとしていることが分かってきたのです。

社会的事象の意味を考える本時（第8時）　このままでも便利なはずなのに、なぜ

展開① 問いを生む場

札幌市と他都市の現状との比較から問いを生む

[具体的な教師の関わり]

北海道の札幌以外の都市が導入している事実から、「早く札幌にも導入してほしい」という思いをもたせ、2018年度末から全市で使えるようになる事実を提示しました。

子供たちは「やった」「よかった」などとつぶやきました。

そこに、「どうしてそんなに喜んでいるの」と問い、「だってバス会社の人たちは…」という一人一人の思いを引き出し、バスロケーションシステムの価値を浮き彫りにしていきます。

展開② 自分の考えをまとめる

目の付けどころを自覚して追究する

[具体的な教師の関わり]

子供たちは、既習を基に考えたり、教科書や資料を基に考えたりしていきます。一方で、調べたことと考えたことが一緒くたになったり、目を付けた視点が違うことに気が付かなかったりすることもあります。

行先からでも使える（場所） 雪の時は便利だ（時）

また、視点は違っていても同じく捉えていることがあります。こういう場合は、机間指導の際に「これは同じことなのかな」と関わることで目を付けた視点の違いに気付くようにします。

板書例

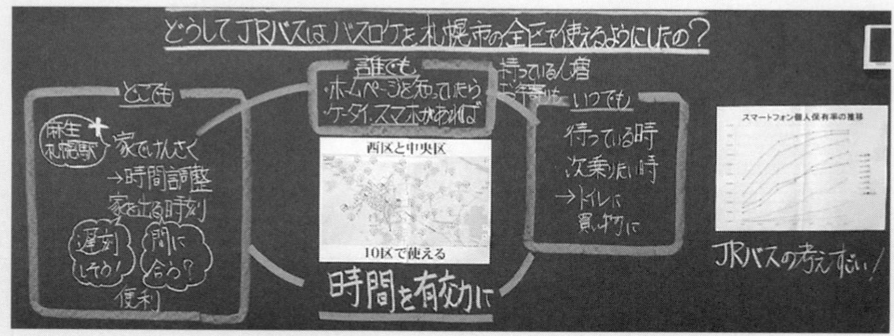

※地図は、地理院地図（国土地理院）を利用、スマートフォン普及率は総務省 通信利用動向調査を基に作成

バス会社はバスロケーションシステムを札幌市の全区で使えるようにするの？

展開③ 考えをつなぐ場

他者の考えを共感的に受け止める

[具体的な教師の関わり]

子供たちは、既習を生かして「いつもで」「どこでも」「だれでも」と多面的に考えていきました。そこで、以下の関わりをしました。

①どの視点かを整理するように関わる。「今は、何の話をしているか伝わった人いるかな」と子供たちに投げかけ、協働的に学べるようにしました。

②具体的な話をできるように切り返す。「冬に便利って本当？」など、子供が生活経験などを具体的に語れるように教師が意図的に関わるのです。

展開④ 吟味・検証・再考の場

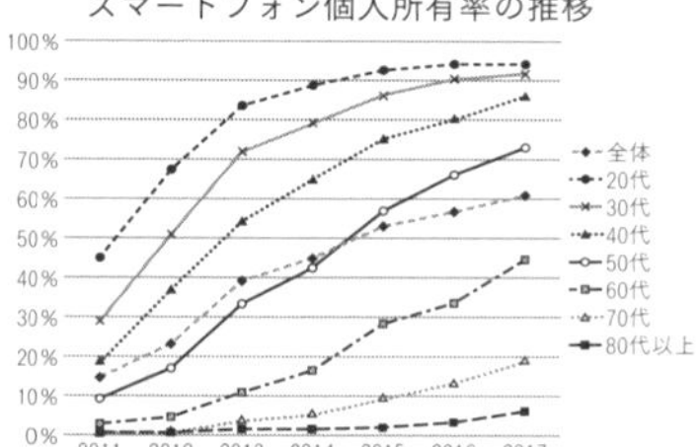

バス会社の戦略を時間的に捉える

[具体的な教師の関わり]

終末に、スマートフォンの世代別普及率のグラフを提示しました。これまでの追究を検証する場を構成したのです。

「これからどうなっていきそうか？」と問うことで、10年後、20年後までを考えたバス会社の戦略を時間的に捉えられるようにしました。子供たちは、どの世代も普及率が上昇していることから、「これからのことを考えて導入しているんだ」と、社会情勢を考えながらニーズに応え、バスの付加価値を高めようとしていることを捉えていきました。

教師と子供の対話例

子供たちは様々な視点から考えをつくり、様々な視点から発言をします。私たち大人でも、視点をもちながら追究したり、話し合いに参加したりすることは難しいことです。せっかく勇気をもって発言した子に「その視点じゃない」と教師が切り捨ててしまっては、その子はもう二度と発言できなくなってしまうかもしれません。

例えば“いつでも”という視点から発言がされた場合は、「似たようなことを考えている人から発言しよう」などと話題に壁をつくるとどうでしょう。そうすることで話題がそろい、追究も深まります。一方で、手立てを打っても違う視点からの発言もあります。そういうときは、違う場所に板書し「今の発言は、少し視点が変わったね。“いつでも”の発言が終わってから聞いてもいいかな」と投げかけます。すると、どの子も発言しやすくなり、違う視点からの追究もあることに目が向いていくのです。

Theme02

「立場」をテーマとして単元を教材化する

「立場」とは、消費者と販売者、生産者と消費者、老人と若者、政府と民衆、公助・共助・自助などのことです。例えば、小学3年生のスーパーマーケットの学習では、スーパーで働く人（販売者）と私たち買う人（消費者）などの立場があります。また､小学4年生の消防の学習では､公助（札幌市）と共助（地域)・自助（自分たち）などの立場があります。さらに、小学5年生の農業生産の学習では、米を作る人（生産者）と食べる私たち（消費者）などの立場があるでしょう。

子供たちがそれぞれの立場に視点を変えて考えていくことを通して、両者にとってのメリットやデメリット、自分たちの社会生活をよりよいものにしていくつながりや仕組みなどを、具体的かつ実感を伴った理解として、子供たちに学ばせることができるのです。

また、具体的な立場（団体や人）に立って考えていくことで、子供たちの心に「共感」「納得」「憧れ」など、情意的な感情が芽生え、思いを馳せながら社会を学んでいくことができます。やがて、それが、社会参画の芽を育むことにつながり、公民的資質の素地を養っていくのです。では、より具体的な学習場面で「立場」をテーマとして教材化するとどうでしょうか。

例えば、3年生のスーパーマーケットの学習では、「消費者」と「販売者」の立場があります。はじめに「消費者」って何だろう？と考えてみることにしましょう。

単元のはじめに、自分たちの週末の買い物調べをしていき、クラスみんなのレシートなどを見ていくと、子供たちは、自分たちが思った以上に、コンビニエンスストアやドラッグストアなど様々なお店で買い物をしていることに気付いていくでしょう。それほど、食べること＝食品を買うことは、私たちが生きていくうえで必要であり、なくてはならないものなのです。その中で、いつも自分の好みのものを買えることや、いつでも欲しいものを買うことができるなど、「消費者」の願いも見えてきます。

「消費者」の願いが見えてくると、子供たちは自然に「販売者」の立場にも目が向いていきます。わざわざキャベツを半分に切ったものと4分の1に切ったものを置いているという社会的事象の理由を考えるときにも、必ず「販売者」の努力だけじゃなく、「消費者」の思いや願いも合わさることで、二つの立場の共通点やつながりが見え、自分が買う商品にお店の知恵と汗が透けて感じるはずなのです。「立場」をテーマとすると、社会的事象と子供たちの距離が近くなり、より実感を伴った深い学びになるのです。

4年生の特色ある地域の学習では、「ニセコ町観光課」と「観光客」の立場が考えられるでしょう。ニセコ町は日本有数の観光地として、今もたくさんの観光客が訪れています。自然（山や川）・豊かな水・広大な土地・良質な雪などを生かして、ラフティングや農業体験、スキーなどでまちづくりを推進しています。地域の資源を保護・活用し続ける「観光課」の人たちの手が加わるからこそ、持続可能なまちづくりにもつながっています。

「観光客」の立場を見ていくと、北海道・本州…外国の方、大人・子供・おじいちゃん…など具体的な人たちが見えてきます。ニセコ町観光のリピーターが非常に多い社会的事象の意味を考えるときに、「ニセコ町観光課」の人たちが一年中、資源を保護・活用する工夫や努力が、「観光客」だけでなく、どこから来た人もどんな年齢の人も楽しみたいという思いや願いとつながり、自分たちも行ってみたいなどの思いを馳せることになります。「立場」をテーマとすると、より社会参画の芽を育むことができるのです。

5年生の工業生産の学習での「生産者」と「消費者」の立場は、一見すると3年生の立場と同じように感じるのですが、「生産者」は一次工場や二次工場の関連性や伝統工業を受け継ぐ人々など、空間的・時間的に広げた人々を具体的に見せることが大切です。「消費者」も、自分だけではなく、昔や未来のことも考えた「消費者」として学習していくことが重要です。「生産者」と「消費者」の立場から、高品質で世界に誇れる日本のものづくり＝社会の仕組みが見えてくるのです。

第3学年・全12時間

店ではたらく人②

単元目標

販売の仕事に携わる人たちが、多様な消費者の願いを踏まえながら売り上げを高めるために様々な工夫をしていると気付くことができる。また、販売の仕事と自分たちの生活との結び付きについて考えを深めることができる。

「発想の転換」を生かす単元づくり

「教材化」のポイント　多様な消費者の立場とは！？

「店ではたらく人」の単元を「立場」という視点から、教材化しました。どのようにして単元のねらいである「多様な消費者のニーズに応える販売の工夫」に子供の目を向けさせるかが教材化のポイントです。そこで、「多様な消費者」という「立場」を考えながら、スーパーマーケットの物の売り方や広告の仕方、サービスなどを見直すことにしました。

すると「小さい子連れには子供用のカートがあるとゆっくり買い物できる」「一人暮らしの人には少量パックがあると無駄にならない」「夕食のおかずを考えている人には、実演販売があると参考になる」などと、子供や高齢者、一人暮らし、大家族、徒歩で来ている人など、様々な消費者をターゲットにした店側の工夫が散りばめられていることが見えてくるでしょう。多様な消費者の立場を想定して店を見ることで、店が一人一人の消費者にとっての「便利」や「嬉しい」を考えて対応していることが分かるのです。

最後に、様々な消費者の中の一つの立場に焦点を当て、みんなで考えることを通して、店の工夫に対する理解を深めるとよいでしょう。今回は、今後、増えていく高齢者に着目し、高齢者への「配送サービスの配送料の割引」という取組から、時代の変化に合わせた店の工夫を捉えられるようにしました。

子供たちに付けたい力や態度

■知識及び技能

・販売の仕事は、様々な消費者の多様な願いを踏まえ売り上げを高めるよう、多くの工夫が行われていることを理解している。

■思考力、判断力、表現力等

・消費者の願いや販売の仕方などに着目して、販売する人々の仕事の様子を捉え、消費者の立場に立った販売の工夫を考え、表現している。

■主体的に学習に取り組む態度

・地域の販売の様子について、学習計画を立てたり、消費者と販売者の立場から追究したり、主体的に学習問題を解決しようとしている。

「見方・考え方」を働かせるポイント

販売者と消費者という相互関係に着目して、見方・考え方を働かせることが大切です。教材化で書いたように、多様なお客さんと店側の販売の仕方やサービスなどを結び付けることで販売の工夫を見ていきます。子供の考えがお客さんの立場のものなのか、店長さんの立場のものなのかを明確にしていくことで、多角的に考えることができるようになります。さらに、授業の内容に合わせて意図的に片方の立場の子供の意見から取り上げたり、それぞれの立場の意見を交互に取り上げたりすることで話し合いを活性化したり、理解を深めたりすることができます。

「ICT・一人一台端末」を活用するポイント

Google フォームを使って買い物調べをします。名前、日付、買った物、その店に行った理由などの質問をつくって、記入させるようにすれば、簡単にグラフを作成することができ、どの店に多く行っているのかが分かります。また、スーパー見学のまとめをオクリンクを使って行うこともできます。例えば「子供が食べるお菓子は低い所に」など、店の工夫を一言で表します。店の写真を準備しておき、貼り付けるようにすると、さらに分かりやすくなります。

単元の展開

①単元を貫く学習問題をつかむ

おうちの人は、どの店でどんな物を買っているのだろう。

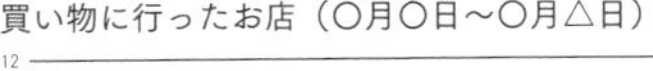

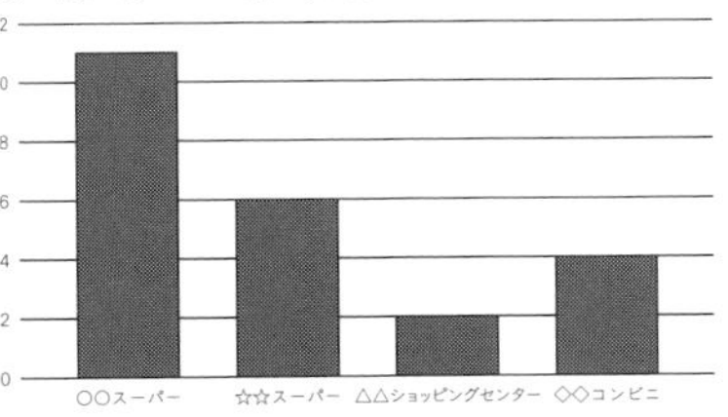

まず、コンビニやショッピングセンターなど、地域にある店の特徴や買っている物を予想させます。その後、1週間かけてどの店でどんな物を買っているかを調べ、Googleフォームで作ったアンケートに入力して集計すると、スーパーマーケットに一番買い物に行っていることが分かります。さらに1日に数千人お客さんが来ているという事実を提示し、他の店でも食材など同じような物を売っているのに、「どうして、スーパーマーケットにたくさんのお客さんが来るのだろう」という学習問題をつくります。

> **【学習問題】**
> どうして、スーパーマーケットにたくさんのお客さんが来るのだろう。

②調べる

たくさんのお客さんが来るひみつを調べよう。

学習問題をつくった後、スーパーマーケットにたくさんのお客さんが来る理由について予想し、Google Jamboardの付箋に書き込みます。それを分類して「商品」「働いている人」「施設」「サービス」などにまとめると、子供が調べるための視点をもつことができます。

見学に行くときには子供たちに調べてくる視点を一つ選択させるようにすると、お店見学で責任をもって調べるようになります。調べたことをまとめるときには、オクリンクを使うと、簡単に調べたことを学級のみんなで見合うことができます。店の販売の工夫について、みんなが調べたことを共有することで、様々な消費者に対応していることに気付くことができます。

単元を通じた子供の変容

単元のはじめ、子供たちはスーパーマーケットはよく行くので、だいたいのことは分かっていると思っています。しかし、買い物調べで家族にインタビューをして、スーパーマーケットにはたくさんの人が来ること、消費者が店を選んでいるということが分かり、「どうして、スーパーマーケットにたくさんのお客さんが来るのだろう」という学習問題のもと、販売の工夫に目を向けて追究していきました。その結果、お店見学でいろいろな立場のお客さんの願いに応える工夫がたくさんあることを実感していました。

③考え・学び合う

どうしてお年寄りには、配送料を割引して届けているのだろう。

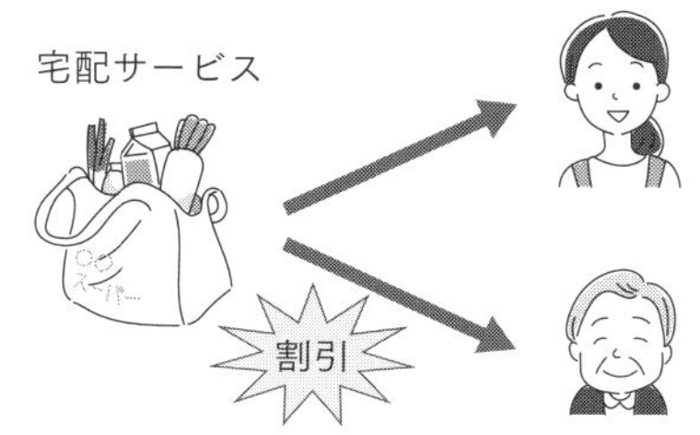

スーパーマーケットに見学に行き、販売の工夫をまとめた後に、社会的事象の意味を考える問いを生むようにします。

> **【社会的事象の意味を考える問い】**
> 「全員同じ値段でもいいはずなのに、なぜ店長さんはお年寄りには配送料を割引して届けているのかな?」

高齢者には買い物の配送料を割引しているという事実から、店側の意図を考えます。全員同じ金額にしたほうが儲かるのに、一部の人だけ割引をしているということを子供に押さえさせるのが目的です。

現在増えているネットスーパーでも同じような取組をしているところもあるので、それを取り上げて問いをつくることも可能です。

④まとめ・生かす

スーパーマーケットにたくさんの人が来るひみつをまとめよう。

いろいろな人の願いに
こたえているから

子どもがおかしを買いやすいように、おかしを低い所に置いて取りやすくしている。	牛乳の味や産地にこだわりがある人のために、たくさんの種類がある。	重たいにもつを運ぶのが大変な人のために、配送サービスをしている。

単元の最後に、今まで調べてきたスーパーマーケットにたくさんの人が来る秘密を一人一人まとめます。まとめ方は、「たくさんの人の願いに応えているから」のような秘密を一文にし、「高齢者には配送サービスの配送料を割引して使いやすくしている」などと、秘密に関係する具体的な販売の工夫を三つ程度書かせるようにします。

このように、抽象的な概念と具体的な工夫を結び付けることで、子供たちの頭の中が整理され、理解が深まります。その際、ドライブにスーパーマーケットの様々な写真を保存して、Google スライドで作った型を使わせるようにすると、簡単に写真を入れたり、手入力で文字の入力や書き直しをしたりすることができて便利です。

そして、高齢者に配送サービスを割引している意図を考えることを通して、「やっぱり、お客さん一人一人の願いを大切にして、何度も来てもらうための工夫をしているんだ」と、多様なお客さんに来てもらうための店側の工夫や努力に気付き、消費者も願いが叶って嬉しいし、店も売り上げが増えて嬉しいという、WIN-WIN の関係性に気付いていきました。

社会的事象の意味を考える本時（第10時） 全員同じ値段でもいいはずなのに、

展開① 問いを生む場

○○店　買い物配送サービス

・2500円以上で利用できる
・1箱200円

↕

・お年より（65さいい上）
・1箱 100円

利用者による費用の違いから問いを生む

[具体的な教師の関わり]

本時では、買い物配送サービスについてGoogleスライドを使って再現します。○○スーパーでは、2500円以上でこのサービスを受けることができ、普通の人は、1箱200円かかることを確認した後で、高齢者の場合には100円で利用できることを伝えます。こうすることで、全員200円にしたほうが、儲かるにもかかわらず、割引している意味について考えはじめます。実際に配送サービスに使う箱に商品を詰めて見せることができると、子供たちの意欲はさらに高まります。

展開② 自分の考えをまとめる

体験を基に考える

[具体的な教師の関わり]

実際に配送される荷物を持ったり、今までの学習と関係付けたりして考えることで、高齢者の立場から「重いものを持たなくていいから便利」「まとめて買い物ができるから、買い物に行く回数を減らすことができる」などと、高齢者のメリットを考えたり、店長の立場から「便利だと思って、また買いに来てくれる」「たくさん買ってくれる」などと店のメリットを考えたりします。子供たちが、誰の立場で考えているかをはっきりさせる関わりをしていくとよいでしょう。

板書例

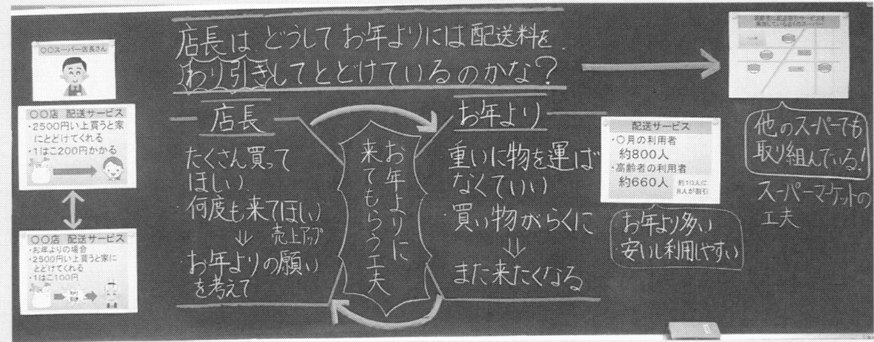

なぜ店長はお年寄りには配送料を割引して届けているのかな？

展開③ 考えをつなぐ場

配送サービス

・○月の利用者
約800人

・高齢者の利用者
約660人

約10人に
8人が割引

子供の考えを裏付ける資料を提示する

[具体的な教師の関わり]

全体交流の場では、子供たちの意見を店長と高齢者の立場に分けて板書します。そうすることで、このサービスがお年寄りのニーズに合わせた販売の工夫であり、多くのお客さんに来てもらうための工夫につながっていることが分かります。さらに、○○スーパーでは買い物配送サービスの利用者の約８割が高齢者だという事実を提示し、「儲けが減っても多くの人に来てもらいたいんだね」などと、お客さんを増やすための店長の強い思いに迫っていきます。

展開④ 吟味・検証・再考の場

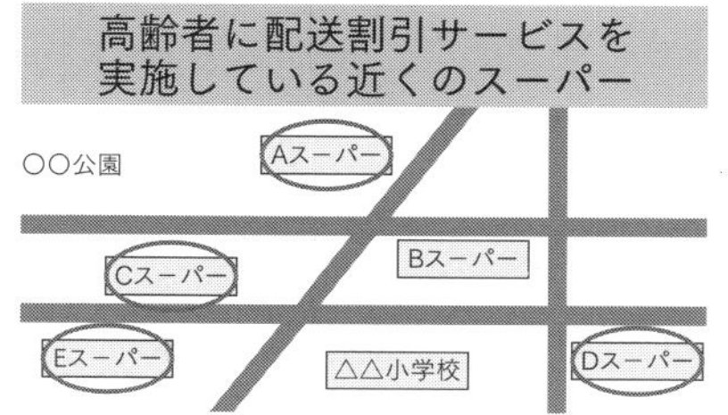

スーパー全体の工夫につなげる

[具体的な教師の関わり]

このままでは、特定のスーパーだけの販売の工夫で終わってしまいます。そこで、最後に、「この店だけのサービスなのかな？」と子供たちに問います。すると子供たちは他の店も同じことをしているのではと考えます。そこで、近隣のスーパーマーケットの買い物配送サービスを提示することで、それぞれの店で工夫をしながらも同じような取組をしていることに気付かせます。こうして、スーパーマーケット全体の販売の工夫と捉えることができるようになります。

教師と子供の対話例

買い物調べのとき、子供たちが買い物に行くたびに行った店や買った物、その店に行った理由を書かせます。そして「その店に行った理由」について深めていくことが後の学習に生かされます。例えば、「毎週火曜日は卵が安いからＡ店に行った」と言った子供に対して、「おうちの人は値段に注目しているんだね」と言って調べる際の視点を意識させたり、「うちはＢ店が家から近いから買い物に行くよ」と言った子供に対して、「家の近くだと何がいいのかな」などと聞いて、その意味を考えさせたりします。

このように子供たちに関わることで、調べるための視点を増やしたり、事実をもとに考える力を身に付けたりすることができるようになります。また、子供たちの調べたことを授業で生かそうと心掛けると、「調べたことが役に立った」という有用感を覚え、自分で調べようという意欲が高まります。

第3学年・全12時間

店ではたらく人③

単元目標

販売の仕事は、消費者の多様な願いを踏まえ売り上げを高めるよう、工夫して行われていることを理解できるようにする。また、消費者の願い、販売の仕方、他地域や外国との関わりなどに着目して、販売に携わっている人々の仕事の様子を捉え、それらの仕事に見られる工夫を考え、表現できるようにする。

「発想の転換」を生かす単元づくり

「教材化」のポイント　販売者の「立場」で見る仕組まれた写真

今回は「立場」という視点から「店ではたらく人」の単元を教材化しました。子供たちにとってコンビニやスーパーマーケットなどの店は身近な場所と言えます。しかし子供たちは、店には何度も行ったことがあっても、お客さんからの視点でしか店を見ることができていません。子供たちが販売者の「立場」からも店を見られるようにしたいと考えて、教材化を行いました。

単元を進める際には、常に「消費者の立場」と「販売者の立場」を比較しながら考える場面を繰り返すことがポイントです。案内係の人はなぜいるのか、商品のポップは何のためにつけるのか、「消費者の立場」からの理由と「販売者の立場」を比較しながら考えられるような活動の構成をしていきます。学習計画に沿って調べていく中で商品を分類ごとにまとめて陳列する「分類陳列」のよさについて「見つけやすい」という消費者の立場と、「買いやすいお店に」という販売者の立場からのよさが見えるように学びを積み上げます。

単元の後半で、発想の転換を生かす店長さんの工夫として、「関連陳列」を取り上げます。事前に肉売り場にある焼き肉のたれなどの「関連陳列」の写真を意図的に撮っておくのがポイントです。さりげなく、でもしっかりと関連陳列商品が収まるように撮っておきましょう。仕組まれた写真が大活躍します。

子供たちに付けたい力や態度

■知識及び技能

・販売の仕事は、消費者の多様な願いを踏まえ売り上げを高めるよう、工夫して行われていることを理解している。

■思考力、判断力、表現力等

・販売に携わっている人々の仕事の様子を捉え、問いを見いだし、それらの仕事に見られる工夫を考え、適切に表現している。

■主体的に学習に取り組む態度

・販売の仕事の様子について、主体的に学習計画を立てたり、学習を振り返ったりして、学習問題を追究し、解決しようとしている。

「見方・考え方」を働かせるポイント

立場を「販売者」や「消費者」といった一言で片付けてしまうのではなく、もっと掘り下げて具体で語らせることがポイントになります。例えば、教師が子供の発言の主語を明確にさせるときに「それって例えばどんな人？」と問い返します。すると「お客さん」から「一人暮らしの人」「7人家族のお父さん」「今日中に飲もうと思っている人」「ご飯のメニューが決まらず困っている主婦」というようにより立場が明確になります。消費者の立場が明確になるだけで、店長さんがカボチャ丸々1個の商品とカット売りの商品を用意する理由を考えるときにも「見方・考え方」を働かせる学びをつくることができます。

「ICT・一人一台端末」を活用するポイント

デジタルホワイトボード（Google Jamboard など）の背景に、教師があらかじめ作成しておいた店内図の枠を貼ります。子供たちはお店見学に行った際に、商品がその店内図のどこにあるかを書き込み、学級で共有します。この店内図はいつでも見ることができ、本時では子供たちが「バーチャル買い物」をしながら語り合い、協働的な学びを生みます。また、本時を終えた子供たちは関連陳列という新たな学びを獲得し、この店内図に関連陳列商品を書き込みたくなります。

単元の展開

①単元を貫く学習問題をつかむ

みんなは、お店のことをどれくらい知っているかな?

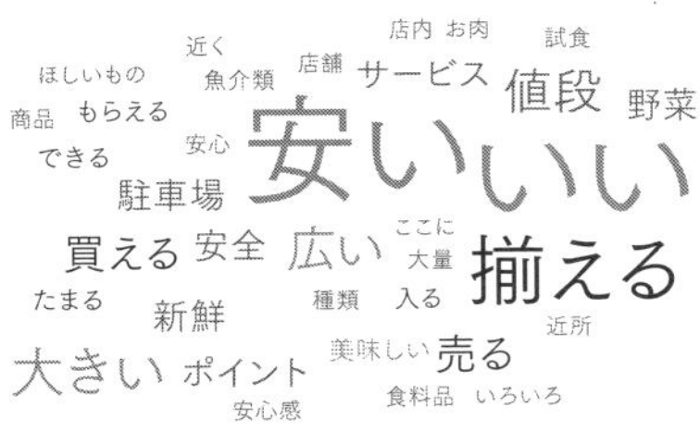

「お客さんがたくさん来るスーパーマーケットの特徴は?」と子供たちに問い、その回答を「AI テキストマイニング」を使って「見える化」します。すると「値段が安い」「品揃えがいい」などのキーワードが目立ちます。子供たちは「消費者の立場」から見た特徴を答えているのです。そこで、単元が終わった後にも同じ問いで「見える化」をしたときに、「販売者の立場」から見た特徴が溢れるように、「どんな工夫をしているのか調べていこう!」と学習問題をつくります。

【学習問題】
○○スーパーでは、お客さんが買い物をしやすくするためにどんな工夫をしているのかな?

②調べる

お客さんが買い物をしやすくするためにどんな工夫をしているのかな?

赤色のふせん	同じ種類の商品がまとまっているから見つけやすいよ	たくさんのたれの中から好みのものを選べるのがいいね	コーナーの看板も見つけやすい工夫だよ
青色のふせん	まとめ買いをしてもらえるよ	品ぞろえのよさをアピールできるよ	いろいろな商品をためしてもらえるよ

分類陳列の工夫「たれコーナー」

スーパーマーケットに見学に行く際、「立場」を意識してものを見るための視点のもたせ方を工夫しました。

子供たちは一人一台端末を持ちながら店内を見学します。デジタルホワイトボードに写した店内図にそれぞれが見付けた工夫をメモしていきますが、その際、「赤色の付箋は消費者の立場から見た工夫」「青色の付箋は販売者の立場から見た工夫」というルールを作ってメモをさせます。そうすることで、子供が「どちらの立場でその工夫を見ているのか」を教師が見取れます。また、店内図を学級で共有して見たときに、色分けしてあることで「立場」を意識した学習展開がしやすく「協働的な学び」が進めやすくなるといったメリットが生まれます。

単元を通じた子供の変容

単元のはじめの子供たちは、スーパーマーケットについて何となくの知識しかありませんでした。また、「AI テキストマイニング」の結果から「消費者の立場」からしか店を見ることができていないことも明らかになりました。

しかし、意図的に「販売者の立場」から店を見ていくように単元を進めたことで、子供たちの捉えはより多面的・多角的に広がりを見せていきました。具体的には、「お店は買いやすい工夫をしている」「喜んでもらえる努力をしている」など「販売者の立場」

③考え・学び合う

店長さんは、どうして肉売り場に焼肉のたれを置くのかな?

「分類陳列」のよさを学んだ後に、社会的事象の意味を考える問いを生む時間を設定します。

> **【社会的事象の意味を考える問い】**
> 「分類陳列からはずれちゃうのに、なぜ店長さんは肉売り場に焼肉のたれを置くのかな?」

写真の提示から店長さんが、焼肉のたれを「たれ売り場」だけではなく、「肉売り場」にも置いている意味を考えていきます。肉売り場にたれがあることで、「販売者」「消費者」双方の立場にメリットがあることを、一人一台端末のデジタルホワイトボードで作成した店内図を使って、一人一人が「バーチャル買い物」をしながら実感的に学んでいきます。

④まとめ・生かす

他のお店は、お客さんのためにどんな工夫をしているのかな?

単元のまとめの段階になると、子供たちはすっかり「スーパーマーケットはかせ」になっています。しかし！この単元「店ではたらく人」の「店」とはスーパーだけではありません。ですから、単元の最後に店全般の販売者の工夫について考える場の設定が大切です。スーパー以外の店として、コンビニや大型専門店など、一人一台端末の活用で、個々の課題や興味・関心に合わせた調べ学習から学びの個別化を図るとよいでしょう。単元のまとめをする時間では、様々な立場の消費者がどのような目的で店を選ぶのかについて考えます。このように他の店に広げることで、学びの一般化を図り、子供の学びを「スーパーマーケットはかせ」から「お店はかせ」へと高めます。

から見た工夫についてのキーワードが増えたのです。

このことから、子供たちがこの単元を通じて「販売者の工夫」が見えるようになっていったと言えます。また、「他のお店も知りたい」と販売者全般の工夫について主体的に探ろうとする姿へと変容しました。

社会的事象の意味を考える本時（第８時）　分類陳列からはずれちゃうのに、なぜ

展開① 問いを生む場

関連陳列の提示によって問いを生む

[具体的な教師の関わり]

刺身や肉、焼肉のたれは店内のどこに置いてあるのかを問います。「分類陳列」のよさを学んでいる子供たちは、刺身は「魚売り場」に、肉は「肉売り場」に、焼肉のたれは「たれ売り場」に置いてあると考えるでしょう。今までの学びを生かして考えた子供たちに「肉売り場に焼肉のたれ」が置いてある写真を提示します。既習とのズレが生じ、「店長さんは、どうして分類陳列からはずれちゃうのに、肉売り場に焼肉のたれを置くのかな？」という問いが生まれます。

展開② 自分の考えをまとめる

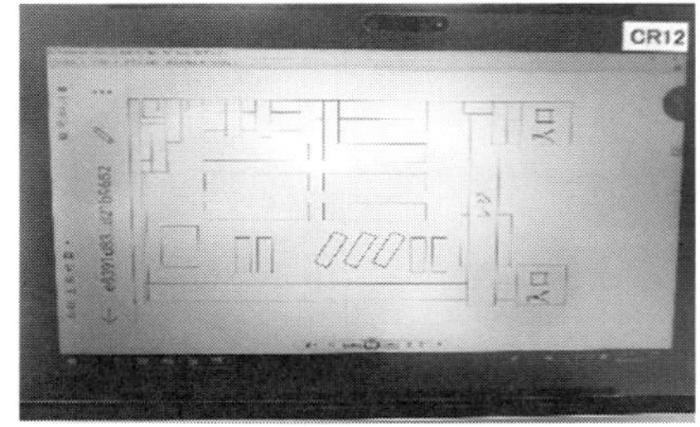

一人一台端末の活用で、バーチャル買い物体験をする

[具体的な教師の関わり]

子供たちの PC には「店内図」が共有されているので、まずは肉と焼肉のたれをどのように買うか、分類陳列されている売り場までの導線を見取ります。すると子供たちは「売り場が離れていて結構歩かなくてはいけないな」という空間的な見方・考え方を働かせはじめます。また、「おじいちゃんだったら歩くのが大変なので、これは便利だ」など「消費者の立場」から具体的に考えていくことで、肉と焼肉のたれが同じ場所で並んでいる関連陳列のよさに気付いていくのです。

板書例

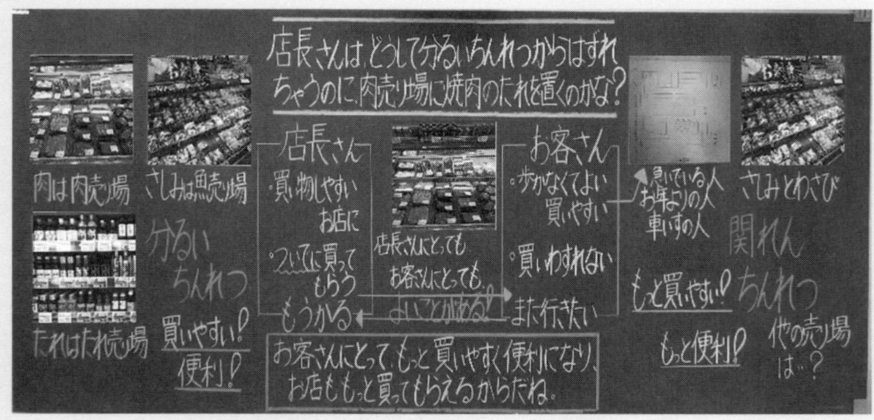

店長さんは肉売り場に焼肉のたれを置くのかな？

展開③ 考えをつなぐ場

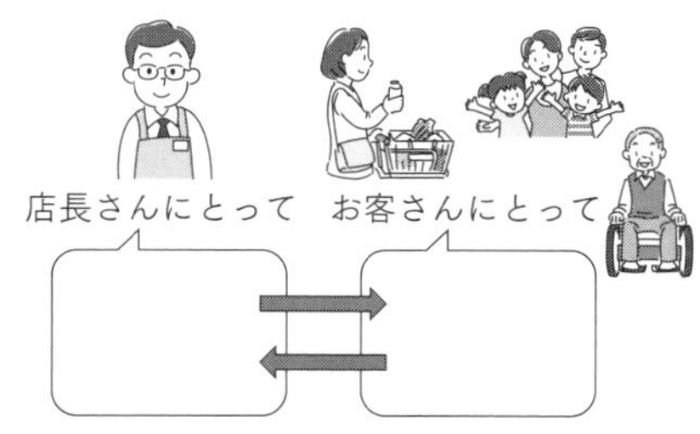

考えをつなぐ場は、様々な「立場」をつなぐ場でもある！

[具体的な教師の関わり]

全体交流での教師の関わりのポイントは、子供たちから出される「様々な消費者の立場」での考えを交通整理することと、「店長さんの立場」での考えもしっかりと子供たちから引き出すことです。ここでは学習指導要領で示している売り上げを高めるよう工夫している販売者の努力を理解できるようにすることが大切なのです。「関連陳列をすることで、店長さんにとっても、お客さんにとってもよいことがあるんだ！」が見えるような考えをつなぐ場にしていきます。

展開④ 吟味・検証・再考の場

「関連陳列」のよさを学んだ子供たちに、もう一度写真を提示する

[具体的な教師の関わり]

最後に、問いを生む場で提示した魚売り場の写真をもう一度提示します。45分で関連陳列のよさに気付いた子供たちからは「あっ！」という声が上がります。そうです。刺身が置いてある魚売り場の写真に、実はわさびが写っていたのです。畳みかけるように、キャベツ売り場にはドレッシングが、ラーメン売り場にはスープが置いてある写真を提示します。このように一般化することで、1時間の学びが確かなものとなり「他の売り場ではどうかな？」を確かめたくなります。

板書のポイント

板書をする際のポイントも、「主語」を明確にさせることです。3年生の子供には「立場」を意識して考えたり、発表したりすることはまだ難しいところもありますので、教師が補うことが必要になってきます。

本時の学習問題は「店長さんは、どうして～?」なのですから、板書の主語も基本は店長さんになります。しかし、授業を展開していくと子供たちからは様々な消費者の立場からの発表が出てくるため、しっかりと整理して板書に位置付けることが大切です。そのためにも「販売者」や「消費者」の「立場」について、単元のはじめから教師も子供も、主語を大切にしながら学習を進めるようにしましょう。

また、本時での中心資料となる「売り場の写真」や「店内図」はなるべく大きく見やすいものを用意し、板書に貼るほか、大型モニターや子供のPCでも見られるようにしておきましょう。

第6学年・全6時間

天皇中心の国づくり

単元目標

聖徳太子や聖武天皇が行った天皇中心の国づくりについて、政治制度、仏教の保護、大陸文化の摂取の3点から調べ、理解することができる。また、大仏開眼式において多くの外国人を招待した事実から、世界に向けて日本の国力を発信しようとした聖武天皇の思いを考えることができる。

「発想の転換」を生かす単元づくり

「教材化」のポイント　立場から「天皇中心」の意味を捉える

本単元は､聖徳太子と聖武天皇の「立場」からの視点で教材化を行うことで､「天皇中心の政治の確立」の様子について深く学ぶことができるようにしました。2人の人物をクローズアップする単元の学習問題によって、「聖徳太子と聖武天皇の立場からこの時代の出来事を考えるとこんなことが言える」と人物の意図や判断の意味を読み取ることができるようにしたのです。

単元の中では､人物の意図や判断の意味を考える場面をつくります。例えば､教室いっぱいに模造紙を広げ、大仏の実物大の手を描く活動を設定します。この中で、「聖武天皇はどうしてわざわざ大仏を作ったのか」という問いについて考えます。子供は、「大きな建築物を作る力があることを伝えようとした」と聖武天皇の「立場」から大規模工事を行った意味について考えることで､「『天皇中心』とは権力の大きさを国民に伝えたことだ」と捉えることができます。また、大仏開眼式の様子が分かる資料提示から「聖武天皇はどうして開眼式に外国人の僧侶もたくさん招待したのか」という問いが生まれ、聖武天皇の意図を考えることができます。そして、大仏開眼式によって、日本の発展を諸外国にアピールするとともに、日本が天皇中心の国家であることを国内外に伝えることができたと学習問題に対する理解を深めていけるのです。

子供たちに付けたい力や態度

■知識及び技能

・世の中の様子、人物の働きや代表的な文化遺産などの情報を集め、読み取り、天皇を中心とした政治が確立されたことを理解している。

■思考力、判断力、表現力等

・大陸文化の摂取、大化の改新、大仏造営の様子を関連付けたり総合したりして、この頃の世の中の様子を考え、適切に表現している。

■主体的に学習に取り組む態度

・大陸文化の摂取、大化の改新、大仏造営の様子について学習計画を立てたり振り返ったりして学習問題を追究し、解決しようとしている。

「見方・考え方」を働かせるポイント

「見方・考え方」を働かせる場面を意図的に設定することで、天皇中心の国づくりへの理解を深めることができます。例えば、年表の読み取りから時間的な見方・考え方を働かせて考え、遣隋使・遣唐使の派遣をきっかけに政治制度が整えられていく様子を捉えることができます。また、各地の主な産物の地図を調べることから空間的な見方・考え方を働かせて、租・調・庸の税制が整えられ、国に米・物・人が集まる様子について考えられます。さらに、大仏開眼式に外国人を呼んだ理由を話し合うことで、相互関係的な見方・考え方を働かせ、外国人と日本人の双方に向けた聖武天皇の願いを考えることができます。

「ICT・一人一台端末」を活用するポイント

この単元は、規模の広さや大きさを伝える資料がたくさんあります。これらはテレビやスクリーンに映し出して簡単に見せることができます。また、聖徳太子と聖武天皇の年表や国分寺の配置分布、各地の特産物などの地図の読み取り活動では、Google Jamboard の共同編集機能が有効です。フレームの中心に資料を貼り付け、付箋に記入させます。そうすることで、子供は自分の考えを記入すると同時に、友達の考えを取り入れる協働的な学びが可能となります。

単元の展開

①単元を貫く学習問題をつかむ

聖徳太子の政治について調べ、学習問題をつくろう。

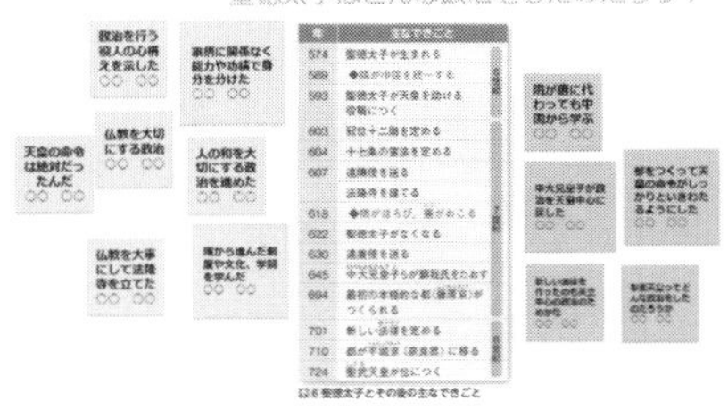

図6 聖徳太子とその後の主なできごと

はじめに、聖徳太子の年表の読み取り活動を行い、遣隋使の派遣や新しい政治の目的を考えていきます。年表を見ていくと十七条の憲法や律令などのきまりを制定したこと、中国に遣いを派遣したことが分かります。

> **【学習問題】**
> 日本はどのように中国から学び、天皇中心の国をつくったのだろう。

これらの文言の読み取りから、単元の学習問題を設定します。その後、年表に書かれた言葉の意味や経緯を予想する活動を行います。これにより、天皇中心の政治の様子について具体的に想像し、単元で調べていくことを確認して学習計画を立てていきます。

②調べる

大化の改新によって人々のくらしはどう変わったのだろう。

学習問題の解決に向けて、大化の改新と律令政治、仏教振興による治世、大仏づくりの三つのテーマについて調べていきます。

大化の改新と律令政治の学習では、蘇我氏が倒された後の政治の改革についてNHK for Schoolの動画を使って調べ、律令によって米・物・人が集まる様子を読み取っていきます。仏教振興による治世の学習では、聖武天皇の年表と国分寺の分布の地図を読み取り、仏教の力で国を治めようとしたことを捉えるようにします。

大仏づくりの学習では、学校の外から大仏と同じ高さの建物を見たり教室一杯に模造紙を広げて同じ大きさの手を描いたりする活動を設定して、工事の規模を体感的に分かるようにします。

単元を通じた子供の変容

単元のはじめ、子供たちは「天皇が一番偉い時代だったんだ」「世界最古の木造建築がある法隆寺は貴重」「中国と対等な関係を結ぼうとした」など、出合う事実に感動するくらいの認識でした。

律令制度や聖武天皇の政策について学習する中で、国分寺や東大寺の大仏を建築したこと、政策が全国に浸透する様子を学び、「国民から税や労働力を集めて天皇の力を高めたんだ」「仏教の力で不安をしずめたことによって人々が天皇を尊敬するように

③考え・学び合う

なぜ、聖武天皇は開眼式にたくさんの外国人を呼んだのだろう。

ここで、開眼式の意味を考える問いを追究する時間を設定します。

> **【社会的事象の意味を考える問い】**
> 「日本の農民が大仏を建築したのに、なぜ聖武天皇は開眼式にたくさんの外国人を呼んだのかな?」

Google Jamboardのフレームの中心に開眼式の絵を貼り、開眼式開催が日本人と外国人それぞれにもたらす意味を予想し、付せんの色を分けて書き込みます。共同編集によって書き込むと同時に仲間の付箋を読んでそれぞれの立場に向けたねらいを考えることが可能になります。子供はこれまで以上に多角的に考え、開眼式のねらいについてより深く迫ることができます。

④まとめ・生かす

学習問題について調べてきたことを整理し、考えをまとめよう。

はじめに、この時代の人物がしたことをスプレッドシートに整理していきました。一人一人にシートを配付し、「人物」と「したこと」の二つの項目を作って整理します。共同編集機能を使うと、この学習が同時に行えるので、事実の重なりはでてきますが、友達の調べたことを読んで学び直すことが可能になります。

次に、当時活躍した人物がしたことを考える活動では、中大兄皇子や聖武天皇、農民等、人物のイラストを入れたスライドを作成して配付します。子供は人物の立場で天皇中心の世の中について説明する文章を書いて、それをオクリンク等で教師が管理する共有フォルダに提出します。これにより、提出後に子供が互いの考えを読み合うことができるようになります。

なったんだ」と政策の意味を考え、中大兄皇子や聖武天皇の国づくりの意図を捉えていくことができます。

その上で、「天皇中心の国づくり」の意味を考える本時の問いを追究しました。「開眼式をして日本が力を付けたことを外国にアピールしたかったんだ」「日本人が仏教を信じ、天皇が強い力をもっていることを伝えようとしたんだ」と考え、「天皇中心の国づくりによって国家の発展と安定を図り、国内外に示した」という認識へと変容していきました。

社会的事象の意味を考える本時（第６時）

日本の農民が大仏を建築したのに、

展開① 問いを生む場

開眼式の参加者の提示によって問いを生む

［具体的な教師の関わり］

はじめに大仏が完成して開眼式を開催する事実を伝え、想像図を提示します。そこで、「参加しているのはどんな人だろうか」と発問して予想を引き出します。前時の学習を基にすると、多くの農民が駆り出された様子を捉えていることから、子供は「たくさんの農民が参加したはず」「国分寺のお坊さんもいると思う」と日本人ばかりが参加したと予想するはずです。そこで、多くの外国人がいることを伝え、「なぜ日本人だけでなく外国人も読んだのか」という問いを生みます。

展開② 自分の考えをまとめる

なぜ聖武天皇は開眼式に外国人を呼んだの？

外国人にとって（名字名前）

せっかく頑張って建立した大仏を外国人にも拝んでほしかったから○○

菩提遷那という仏教の高僧を呼んでしっかりとした力のある大仏を作りたかったから○○

技術を教えてくれた渡来人へのお礼○○

自分が立てた素晴らしい大仏を他の国にも見せたかったから○○

日本文化が発展したことをつたえるため○○

日本でも大仏を作れるくらい力を付けたことを外国に伝えたかったから○○

大仏開眼
供養の想像図

日本人にとって（名字名前）

人々に大仏に命が入る瞬間を見てほしいから○○

中国に聖武天皇の考えを広めて大仏つくりをさらに広めたかったから○○

仏教を中国に広めたかったから○○

ききんで苦しむ人々を救うため○○

行基の協力で人々の力を集めて大仏を作った成果を伝えたかったから○○

亡くなってしまった行基のおかげでたくさんの人々が協力してくれたのでその供養のため○○

開眼式の想像図を添付した Google Jamboard

［具体的な教師の関わり］

Google Jamboard に開眼式の絵と付箋の記入例を示したフレームをグループごとに配付します。一枚は外国人を呼んだ理由、もう一枚は日本人を書いた理由を書かせることにして、付箋を２色に分けます。子供は、「日本文化が発展したことを伝えるため」「技術を教えてくれた渡来人へのお礼」等外国人に向けた意図を読み取っていきます。また、「行基の協力で人々の力を集めて大仏を作った成果を伝えたかったから」と日本人に向けた開眼式の意図も読み取らせるようにします。

板書例

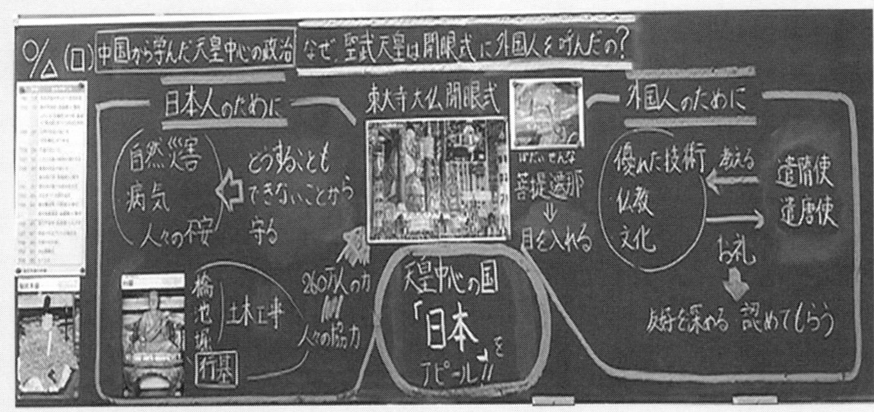

なぜ聖武天皇は開眼式にたくさんの外国人を呼んだのかな？

展開③ 考えをつなぐ場

T：外国に日本のすごさを伝えたいという考えと同じ人はいますか？
C：インド人の菩提僊那という人は…
T：日本人のためという人もいます。目的が二つあるのでしょうか？
C：日本の発展をアピールしたいのは隋の皇帝が怒っていたから…

Google Jamboard を使った子供の考えをつなぐ発問

[具体的な教師の関わり]

Google Jamboard を使って子供同士の考えをつなぎ、広げ、深めていきます。はじめに、問いで話題にした外国人を呼んだ目的について話し合います。一つの考えが多くの付箋に記入されている理由やより掘り下げたい付箋との関連を話すように指名していきます。その後、「外国人ばかりでなく日本人を呼んだのはなぜか」と発問して付箋に記入された考えをさらに掘り下げ、仏教による統治や中央集権の強化といった大仏建立と開眼式の歴史的意味を捉えていくようにします。

展開④ 吟味・検証・再考の場

当時の行基を評価する言葉
「慕い追従する者は
ややもすれば千を以って数ふ」
『続日本紀』より

行基の活動の様子を記録した文言を提示

[具体的な教師の関わり]

当時の行基の評価を表した『続日本紀』の一文を提示します。農民が大仏建立に不満のある中で、人気のあった行基に説得させた事実を伝えることで、当時の人々の気持ちを想像させ、聖武天皇が大仏建立と開眼式を行った歴史的意味について再考を促します。「不満があったが行基を信じて協力した」「仏教を信じて国の安定を願った」など、当時の時代背景や農民の立場を基に具体的に想像し、聖武天皇の政策を評価することができるようにします。

板書のポイント

外国人と日本人の双方を開眼式に招いた理由を考えますから、板書は中心資料となる絵の左右にそれぞれの立場を位置付けるようにします。問いの文言から、外国人を招く理由を先に板書するほうがよいでしょう。ここでは、インドの高僧、菩提遷那が入眼の儀式を務め、外国から多くの僧侶を招いて仏教の力で国づくりを進めていることを外国にアピールする目的を確認できるようにします。

次に、日本人の開眼式参加の意味を板書していきます。「国分寺の広がりにより仏教を信仰するようになったから」という理由を取り上げて書きます。また、行基の像や似顔絵を貼り、彼が人々の信頼を集めていたことや大仏に平和を願っていたこと、天皇への崇拝を込めていたことを書いておくようにします。最後に板書の中心に「天皇中心」と核となる言葉を書いてまとめるようにするとよいでしょう。

第６学年・全６時間

江戸幕府と政治の安定

単元目標

江戸幕府のしくみや大名との関係、外国との関係や人々の暮らしについて調べ、武士を中心とする身分制度が確立し、幕府の政治が安定したことを理解することができる。

「発想の転換」を生かす単元づくり

「教材化」のポイント　「立場」に共感させる手立てを！

今回は、３代将軍家光を中心とした江戸幕府の単元を教材化することにしました。家光の政策はたくさんありますよね。その中でも、武家諸法度に定められた参勤交代制度は、江戸の世の中を支配する仕組みが整えられた最大の政策だと言われています。

また、江戸後期に、参勤交代を２年おきにしたり、免除したりしたことで、大名が反乱を起こし、江戸時代が終焉を迎えた一つの要因であるほど、この時代を象徴する重要な制度でした。

子供たちも、参勤交代に対する興味・関心は高く、参勤交代を実際に疑似体験することで、大名の気持ちに思いを馳せながら追究できると考え、参勤交代を本単元の中心に位置付けました。

さて、参勤交代を通して江戸幕府の安定した仕組みを教材化するにあたっては、本項のテーマである「立場」を具体的にイメージしてみることが教材化の近道となるでしょう。士農工商と呼ばれる「立場」がありますが、参勤交代は、家光（将軍）と各藩（大名）の「立場」を明確にすることで、両者の関係性の具体が見え、制度化→主従関係確立→支配→武士による政治の安定という家光の願いやしたたかさが見えてくるのです。

子供たちに付けたい力や態度

■知識及び技能

・江戸幕府が、大名や人々をどのような仕組みで支配したかを想像図や絵図、地図などから読み取り、鎖国政策をとる経緯について理解している。

■思考力、判断力、表現力等

・江戸幕府の政治が安定していった要因を、幕府と大名の関係や、外国との関係、身分制度と関連付けて考え、表現している。

■主体的に学習に取り組む態度

・江戸幕府の政治の安定の仕組みについて予想や学習計画を立て、学習を見直したり振り返ったりして解決しようとしている。

「見方・考え方」を働かせるポイント

将軍と大名などといった「立場」を明確にすることで、相互関係的な見方・考え方を働かせながら、江戸幕府が安定していった理由が見えてきます。大名という「立場」には、親藩・譜代・外様というさらに細かな「立場」もあります。日本全国における、各大名の配置にも着目することで、空間的な見方・考え方を働かせていく学習もできます。

単元の後半では、家光の死後も制度が続いていった事実を提示することで、時間的な見方・考え方を働かせる学習が可能になるでしょう。「立場」から見えるそれぞれの主従関係がずっと続いていたからこそ、江戸幕府は265年も続いたという秘密に、子供たち自らが気付いていける授業にできるのです。こうした家光の意図を「立場」を明確にして追究することで、子供の「見方・考え方」を働かせる学びをつくることができます。

「ICT・一人一台端末」を活用するポイント

ICTを活用しながら、参勤交代の動画を見せたり、Google Jamboardで将軍や大名の気持ちを付箋に書いて共有したりし、「立場」を共感していくことで、相互関係的な見方・考え方が働く学習にもなります。

単元の展開

①単元を貫く学習問題をつかむ

265年も続いた江戸幕府の仕組みを確立させた家光はどんな将軍だろう。

はじめに、「歴史の年表」を提示します。これまで学習してきた時代や現代と比較することで、江戸時代が265年も長く続いた事実を子供たちと共有していきます。次に、その秘密を予想し合う中で、「日光東照宮」を提示します。そうすることで、江戸時代を代表するものをつくった徳川家光に焦点化していきます。生まれながらの将軍は、財力や家来＝大きな権力をもっていたなどという既習や気付きの交流をもとに、単元の学習問題を設定します。

【学習問題】
家光は、幕府の力を強め、力を確かなものにするために、どのような政治をおこなったのだろう？

②調べる

家光はどのような政治をしたのだろう。

はじめに、単元の学習問題に対する予想を交流します。その中で、武家諸法度という制度やその中にある参勤交代・士農工商などの身分制度・鎖国政策などを共有していき、学習計画を立てていきます。①将軍と大名、②将軍と百姓・町人、③将軍と外国の「立場」で学習計画を立てることで、家光（将軍）の統制の在り方がより見えてくるのです。個々に調べ学習をする際には、タブレット端末を用い、個別最適な学びを保障します。例えば、参勤交代を調べる際には、絵や動画・旅程やかかる費用などを、Google の Classroom 内で共有したり、Google Jamboard に絵を貼り付け、大名に共感することを付箋で書いたりなどして、自分と仲間の追究をつなげ、協働的な学びにします。

単元を通じた子供の変容

単元のはじめ、子供たちは「生まれながらの将軍ってどういうことだろう」「江戸が265年も続くのは、家光がそんなに影響しているのだろうか」「参勤交代や鎖国は聞いたことがあるよ」などという認識でした。学習計画に沿って、個別最適な学びを進める中で、「家光は、日光東照宮を立てるだけのお金と信頼をもった将軍だ」「大名は、親藩・譜代・外様に分けられているんだ」「参勤交代の仕組みも分かったよ」など、将軍と大名の「立場」から、人物像や政策など事実を認識していきました。そして、社会的事象

③考え・学び合う

家光はどのように幕府の力を強めていったのかを考えよう。

武家諸法度に従わないものは直ちに罰せられ、重い罪を受けさせられた事実を子供たちと共有します。

また、参勤交代の上限が450人までなのに、加賀藩は約2000人の人数で参勤交代させたが、家光は罰しなかったという事実を提示することで、問題意識を醸成していきます。

【社会的事象の意味を考える問い】
「武家諸法度を破ったのに、なぜ家光は多い人数での参勤交代を罰しなかったの?」

「立場」で考えることで、家光は大名のプライドをうまく利用することで江戸幕府が力を強め、力を確かなものにするための仕組みを深く理解していくのです。

④まとめ・生かす

家光が幕府が続く政治を確かなものにしたことをノートにまとめよう。

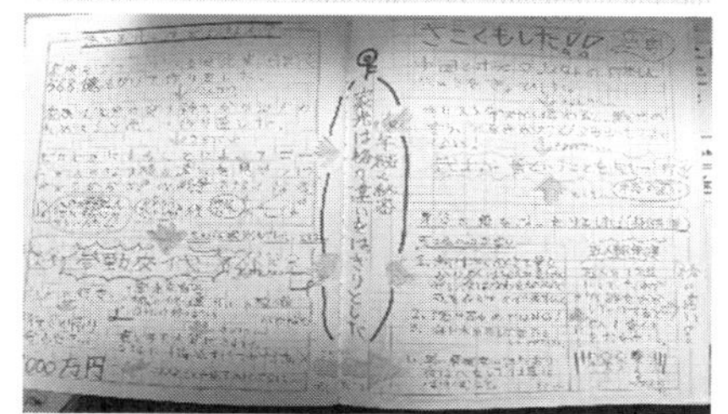

単元を学習した最後に、単元の学習問題に対して、これまでの対話的な学びを、自分なりに表現し、見取ることができるようにしていきます。ここでは、見開き1ページのノートにまとめ、スクールタクトにノートを写真で撮り、貼り付けて提出します。

ノートにまとめる際、「立場」を意識してまとめることで、相互関係的な見方・考え方を働かせ、単元の学習問題の解決に向かうことができ、より深い学びになるでしょう。

また、スクールタクトに貼り付けたノートを供覧し、子供たち同士の相互評価をコメント欄で伝え合うなどの活動もできます。単元の最後でも、さらなる協働的で対話的な学びを生むことができます。

の意味を考える本時の問いを追究しました。

将軍と大名の「立場」を関係的に見ていくことで、「参勤交代は、大名のプライドをうまく家光が利用したすごい仕組みなんだ」ということに気付き、認識が深まっていきました。単元の後半では、他の政策も将軍と○○の「立場」から考えると「どの政策も主従関係の上に成り立つ仕組みで、全て幕府の安定につながったんだね」という考えに変容していったのです。

社会的事象の意味を考える本時（第４時）　武家諸法度を破ったのに、なぜ家光

展開① 問いを生む場

武家諸法度

参勤交代をするときは、
20万石以上の大名は
450人まで
とすること

加賀藩100万石
~~450人~~ 約2000人

「武家諸法度やぶり」から問いを生む

[具体的な教師の関わり]

子供の資料集をもとに、武家諸法度（参勤交代は20万石以上は最大450人まで）という事実(グラフ)を確認します。その後、加賀藩が約2000人を参勤交代させた事実をパワーポイントで見せ、子供たちに「武家諸法度のきまりを破ったから罰せられる」という思いを表出させていきます。

その上で、家光が加賀藩を罰しなかった事実を伝えることで、「どうして武家諸法度のきまりを守らなかったのに、罰しなかったのか?」という本時の問いを生んでいきます。

展開② 自分の考えをまとめる

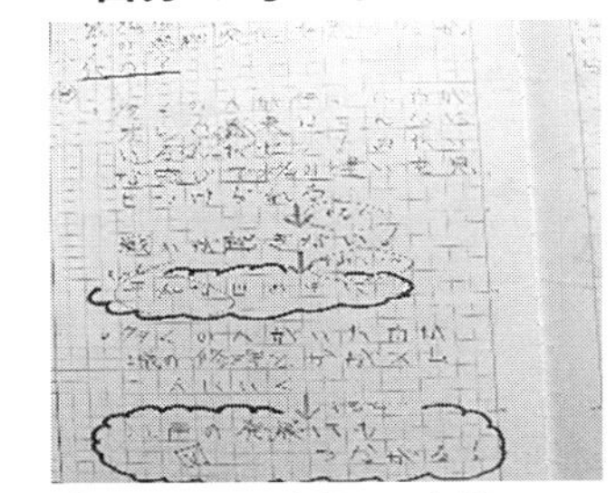

立場で考えられるような個への支援

[具体的な教師の関わり]

子供たちは、これまで単元で学んできた大名と将軍の主従関係や参勤交代の様子の既習や教科書の記述をもとに、問いに対する自分の考えをまとめていきます。

その際に、将軍にとってのよさと大名にとってのよさがあることを子供たちと共有し、見通しをもたせることが大切です。このように、それぞれの「立場」で自分の考えをまとめていくように方向付ける関わりも、重要になってくるでしょう。

板書例

は多い人数での参勤交代を罰しなかったの？

展開③ 考えをつなぐ場

大名と将軍の立場から考えをつなぐ

[具体的な教師の関わり]

大名と将軍それぞれの「立場」に対する考えをつなげていきます。大名は、多い人数＝力の大きさで藩を統制したり、家光に忠誠を示したりすることを板書していきます。将軍は、大名のプライドをうまく利用することで、参勤交代でお金を使わせ、加賀藩の財政を苦しくさせることで幕府に反抗できなくすることを共有していきます。参勤交代で多い人数を罰しなかった理由については、家光が大名を支配をするため＝幕府の安定につながるという価値に迫っていきます。

展開④ 吟味・検証・再考の場

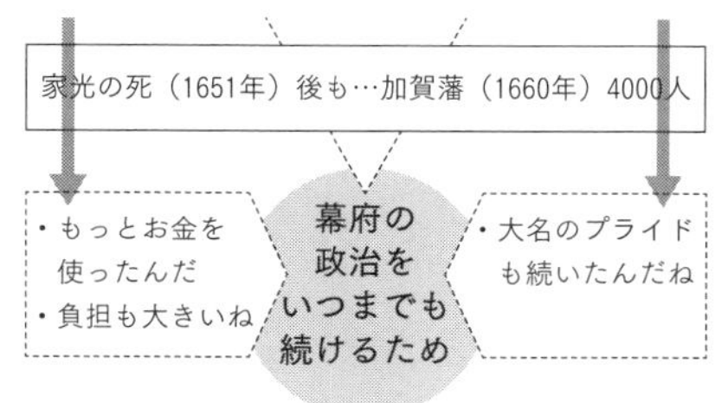

家光の死後も続いた参勤交代から再考する

[具体的な教師の関わり]

家光の死後も、参勤交代の制度が続いた事実を提示します。将軍と大名という「立場」のもとに考えてきたからこそ、双方の関係性が「大名の支配＝幕府の安定が確かなものになった」ということを吟味したり検証したりすることができるのです。また、吟味・検証した、大名の支配＝幕府の安定が、家光の死後も続いた参勤交代の仕組みのすごさや、それを確立させた家光の営みのすごさをも再考することができ、単元の学習問題にもつながっていくのです。

教師と子供の対話例

はじめは、大名の「立場」の意見を取り上げていきます。「人数が多いことで、周りの民衆にすごいと思わせるよ」「プライドを見せ付けることで藩の力を見せ付けることにもつながるよ」「すごいと思わせたら、自分の藩の統制にもつながるよ」という意見をまとめていきました。次に、江戸に１年間住まうことでの仕事内容をおさえていきました。「旅の費用だけではなく、江戸城の改修や生活のお金もかかるよ」「お金をかけた分だけ、家光に褒められたり認められるよ」というメリットを捉えていったのです。

次に、家光の「立場」に対する意見をつなげていきました。「大名のプライドをうまく利用して、お金を使わせているよ」「大名の財政を苦しくさせているよ」という意見をつなぎ、経済力を弱め、幕府に反抗できなくさせる仕組みの確立に気付いたのです。将軍と大名の「立場」で追究したからこそ見えてくる、大名の支配＝幕府の安定を理解することができました。

Theme03

「持続可能」をテーマとして単元を教材化する

2015年9月、国連サミットで採択された持続可能な開発目標「SDGs」。書店に行くと、大人向けの書籍のみならず、子供向けの書籍も多く見られます。2030年までに達成されるために掲げられた目標ということになれば、現在の大人のみならず子供たちもしっかりとこの目標に向かって社会参画していく必要があることは言うまでもありません。

社会科の授業を通して、この「持続可能」というテーマについて迫っていくことはとても大切です。教科書にも「持続可能」という言葉が見られるのは社会科という教科がもつ特性であると感じます。ここでは「持続可能」をテーマにした教材化について紹介します。

3年「地域の安全を守る働き」の単元では、公助だけでなく共助、自助にも目を向け、持続可能な地域の働きについて考えることができます。消防の単元では、消防士の働きに目を向けるだけでなく、地域住民の協力や、一人一人の防災意識を高める社会的事象などにも焦点を当てて教材化を図ることで、想定を上回る災害や、地域の高齢化等にも耐え得る持続可能な働きが見えてきます。すなわち、社会の変化を時間軸で捉えながら考えていくことができるのです。

4年「県内の伝統や文化、先人の働き」の単元では、地域に残る伝統や文化を残す人々の工夫に触れ、住み続けられるまちづくりについて考えることができます。北海道では、道南地方に残る民謡「江差追分」などを教材化した実践があります。江差追分を後世に残すために、青少年向けの大会を開くなど、地域の文化伝承のために働く人々の営みを教材化することで、持続可能な地域の在り方などが見えてくるようにします。

5年「我が国の農業や水産業における食料生産」の単元では、「持続可能な産業」を推進する人々の営みを教材化していくことができます。第一次産業に携わる人々の減少や高齢化は、日本が抱えるたいへん大きな課題です。持続可能な産業の在り方を考えることはとても意義のある活動になると考えます。その課題に向かって教材化を図ることで、子供たちは未来の日本について思いを馳せることができます。こうしたねらいのもとで教材化を考えたとき、スマート農業などは欠かせない素材となることは言うまでもありません。スマート農業によって、より効率的で、確実な農業へと転換していくことができれば、人口減少や高齢化にも耐え得るだけでなく、第六次産業化のような新たな産業の在り方を捉え、未来に期待を抱くことができます。

6年「グローバル化する世界と日本の役割」の単元では、より広い視野で世界における日本の持続可能な関わりについて考えることができます。この単元の詳細については、実践事例で詳しく書いていますので、そちらをご覧ください。

ほかにも、様々な単元で「持続可能」をテーマとして教材化していくことは可能です。ただ、「持続可能」をテーマにした授業全てが、SDGsを代表するような世界規模の「持続可能性」に直結するわけではありません。特に3・4年生の学習では、「その地域がこれからも発展していくために」や「地域の文化がこれからも継承されていくために」といった地域規模の「持続可能性」を考えていくことが主になります。

そのため、3年生段階から「持続可能」をテーマとした学習に触れていくことはとても大切です。それは、「持続可能」をテーマにして教材化を図った学習では、子供の時間的な見方・考え方が必ず働くと考えるからです。先ほど例に挙げた事例でも、全てにおいてこの見方・考え方は働いています。

4年生の学習では、地域の伝統の「今」と「未来」について子供たちは考えていきます。「江差追分」という文化が抱える課題を調べ、それを解決するための人々の営みを教材化した学習を通して、課題を解決できる未来を想像することができます。5年生の産業の学習でも同じようなことが言えます。これは「持続可能」をテーマにした学習の共通点であり、大きな特徴であると言えます。

こうした学習の積み上げがあるからこそ、6年生の学習では、「世界」へと視野を広げ、SDGsの意味を深く考えていく子供へと成長していくのだと思います。「持続可能」は、多くの単元においてテーマにできるほど広い意味をもった言葉です。ぜひ様々な単元でその可能性を探ってほしいと感じています。

第5学年・全9時間

野菜づくりのさかんな地域

単元目標

真狩村の野菜づくりが、自然条件を生かして営まれていることや、その生産に関わる人々の工夫や努力を捉えることができる。また、農業に関わる人々の働きを多角的に考える力、農業に関わる課題を把握して、これからの農業の発展について考え、説明することができる。

「発想の転換」を生かす単元づくり

「教材化」のポイント　真狩の未来が見える西洋野菜

今回は、水産物、畜産物、果物など数多くの食糧生産が行われている北海道で、真狩村の子供たちが学ぶのに最適だと考えている「野菜づくり」を「持続可能」という視点から教材化しました。なぜならば、真狩村の基幹産業は農業であり、野菜づくりが子供たちのすぐ側で営まれているからです。また、野菜づくりは立場やニーズなどの視点からも教材化が可能ですが、「持続可能」という視点から見ると、それぞれの野菜農家が行っている取組は「今後も続けられる農業」に、全てつながっていると考えられるからです。

本単元の教材化においては、「持続可能」という視点から農業における課題を具体的に捉えることがポイントとなります。農業は農地開拓による環境破壊や気候変動による収穫量の停滞、水不足、高齢化による人材不足など、多くの課題に直面しています。このような中、農業に関わる人々は「有機農法などの環境保全型農業」や「地域生産物のブランド化による消費拡大」、「AIなどを用いたスマート農業」や「外国人労働者の受け入れ」など、多くの取組を行うことで安心・安全・安定供給を目指すとともに、これからも続けられる「持続可能」な農業を目指していているのです。そこで、今回は農家への取材から、「真狩の風土を生かして西洋野菜をつくる」という営みに着目しました。

子供たちに付けたい力や態度

■**知識及び技能**

・農業は自然条件を生かして営まれていること、農業に関わる人々の工夫や努力が、食糧生産を支えていることを理解している。

■**思考力、判断力、表現力等**

・農業に関わる人々の様々な努力や工夫から人々の働きを考えたり、これからの農業の発展について考えたりして、表現している。

■**主体的に学習に取り組む態度**

・生産、輸送、農家の取組の様子について、主体的に学習計画を立てたり、学習を振り返ったりして、学習問題を追究、解決しようとしている。

「見方・考え方」を働かせるポイント

生産の工程を見ていくと、人々の協力関係や技術の向上、輸送など、多くのポイントが見えてきます。輸送では、鮮度や品質を保ちながら消費者のもとへ届ける方法を調べることで、位置や空間的な広がりについての見方・考え方を働かせることができます。また、教材化でも述べたように環境保全型農業やブランド化に着目することで、消費者の立場からの農業が見えてきます。それにより、生産者と消費者という相互関係的な見方・考え方を働かせることができます。このように、農業と自分たちの食生活とを関連付けるような教師の関わりによって、子供の「見方・考え方」を働かせる学びをつくることができるのです。

「ICT・一人一台端末」を活用するポイント

この単元での一人一台端末の活用場面は、「調べる」「考え・学び合う」の2つとしました。今回取材した農家はホームページを作成しているので、「調べる」の場面においては、生産者が発信している情報の中から自分が必要とする情報を選んで活用することにしました。「考え・学び合う」の場面では、Google Jamboardの同時編集機能を使うことで、子供同士が考えたことを共有しながら個と集団の学びを同時に深めていくことをねらいました。

単元の展開

①単元を貫く学習問題をつかむ

北海道ではどのような農作物がつくられているのだろう。

主な農作物の生産量で北海道がしめる割合

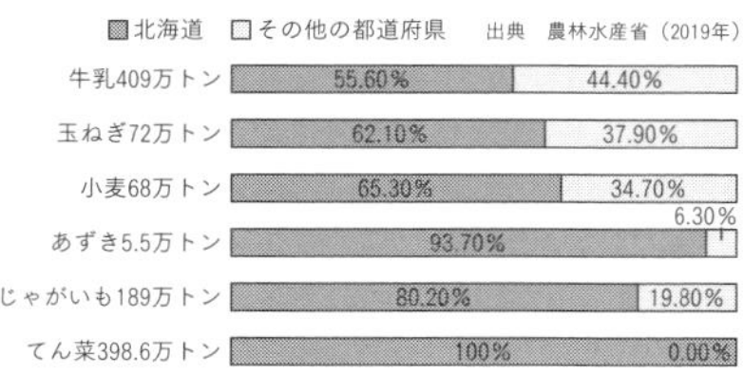

稲作の学習をした子供たちが、野菜づくりも稲作同様に我が国の食糧生産において重要な役割を果たしていることに目が向くようにします。

北海道で生産されている農作物について地図帳や統計資料を使って調べることで「なぜ野菜が多いのか?」「どのようにつくっているのか?」「どのように運ばれるのか?」等の疑問を引き出し、AIテキストマイニングを活用して視覚化することで学習問題につなげていきます。

【学習問題】
野菜づくりがさかんな地域の人々は、どのような工夫や努力をして野菜を生産し、消費者にとどけているのだろう。

②調べる

野菜はどのようにつくられ、消費者のもとにとどくのだろう。

単元を貫く学習問題について調べていきます。学習問題をつくる際に、「生産の工程」「人々の協力関係」「技術の向上」「輸送」など、知りたいことについて整理していますので、それぞれについてインターネットやパンフレットを使って調べていきます。

AIなどを用いた農作業の効率化や省力化、外国人労働者の受け入れなどについては、複数の農家を見学することで、よさや課題、工夫などについて聞いて調べることができます。

調べて分かった情報は、できるだけGoogle Classroom内で共有し、学級全体での調べ活動の充実を図っていきます。情報を共有することで、子供が自分の必要に応じて後で振り返ったり、まとめに生かしたりすることができます。

単元を通じた子供の変容

単元のはじめ、子供たちは「北海道は野菜や水産物が有名だ」「真狩村はゆり根で有名だ」「家は農家なのでお手伝いもするけど、細かい仕事はよく分からない」「どれだけの収穫があって、どこに届けられているのかは知らない」という状態でした。

そこで、農家への見学や資料を使った調べ学習を進めることで、「農家さんは、1年間を通じて仕事をしている」「収穫された野菜は、全国各地に送られている」「AIを使って、昔より楽に仕事ができるようになった」「後継者不足や外国産との競争は、米農家

③考え・学び合う

なぜ、農家のAさんは西洋野菜をつくるのだろう。

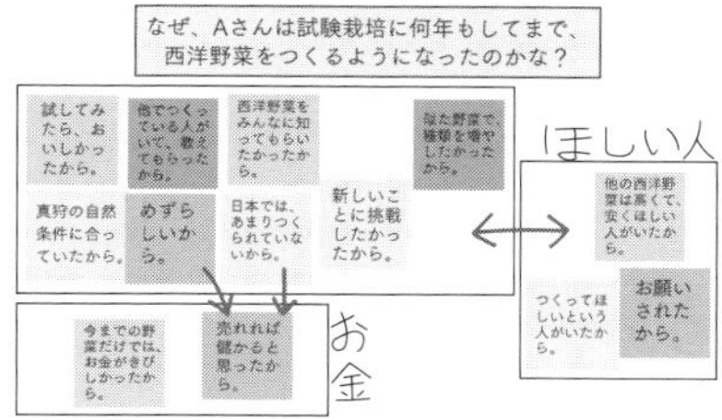

単元後半に、社会的事象の意味を考える問いを追究する時間を設定します。売り物レベルになるまで試行錯誤を５～６年繰り返し、納得のいくようになってから本格的な生産に着手するという農家の営みの意味を考えます。

> **【社会的事象の意味を考える問い】**
> 「なぜ、Aさんは試験栽培を何年もしてまで、西洋野菜をつくるようになったのかな？」

既習を用いた「生産者」の思考と、新たな「消費者」の思考を取り上げることが重要です。一人一台端末のGoogle Jamboardを活用して交流する中では、内容を分類できるようにし、全体交流では、板書で立場を明確にしていきます。

④まとめ・生かす

野菜づくりに関わる人々の働きを白地図にまとめよう。

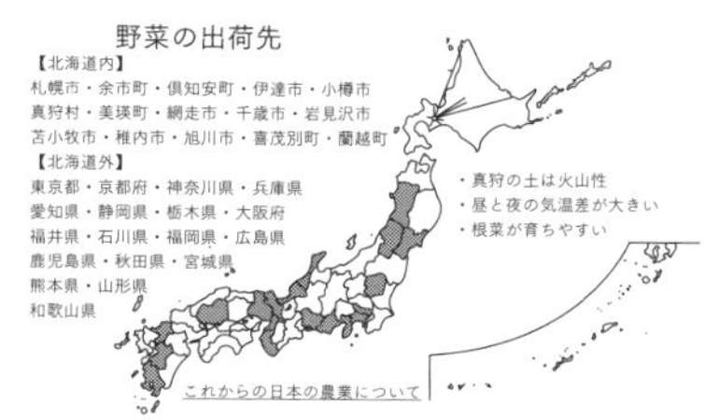

白地図にまとめる活動を取り入れることによって、単元を通して学んできたことを表現し、見取ることができるようにしていきます。

この白地図に「調べる」場面で集めた輸送についての情報や、真狩の気候・自然条件についての情報なども書き込むことで、単元を通して活用することができます。学級全体で共有している資料や写真などを用いることで、一人一台端末の活用もできるでしょう。

この単元のまとめ活動では、農業に関わる人々の努力や工夫を振り返り、それらが我が国の食糧生産を支えているということを確認することと、子供一人一人が、これからの農業について考えられるようにすることが大切です。

と同じだ」と、知識や考えを深めていきました。

その上で、社会的事象の意味を考える本時の問いを追究しました。子供たちは「農業では、生産者と消費者の信頼関係が大切だ」と考え、農家の工夫や努力を、改めて感じるようになりました。

社会的事象の意味を考える本時（第8時）　なぜ、Aさんは試験栽培を何年もし

展開① 問いを生む場

試験栽培の事実から問いを生む

［具体的な教師の関わり］

子供たちが見たことのないような紫色の野菜の写真を提示します。パープルカリフラワーという品種のカリフラワーです。子供たちが知っている一般的なカリフラワーとの違いが鮮明で、驚きを感じるとともに、「なぜこのような野菜をつくっているのだろう?」という疑問が生じます。

さらに他の西洋野菜の写真を提示した上で、「これらの野菜をつくるにあたって、Aさんは、試験栽培をそれぞれ5年近くやっていた」という事実を伝え、本時の問いにつなげていきます。

展開② 自分の考えをまとめる

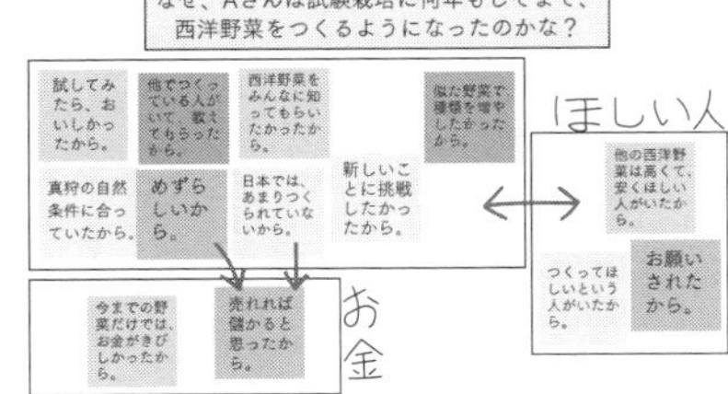

Aさんの取組の理由を考える

［具体的な教師の関わり］

子供たちは「売り物にするには味や形が大切」「はじめての取組だから練習が必要」「他の農家と違うことをやりたかった」など、調べ学習や見学を重ねてきたことをもとに理由を考えていきます。

小集団交流では、一人一台端末のGoogle Jamboardを活用し、仲間分けする活動を行います。自分たちの考えをグループ化したり関連付けたりすることで、自分たちの考えを整理することができます。小集団交流中、教師は、次の全体交流場面を想定しながら見取ることが大切です。

板書例

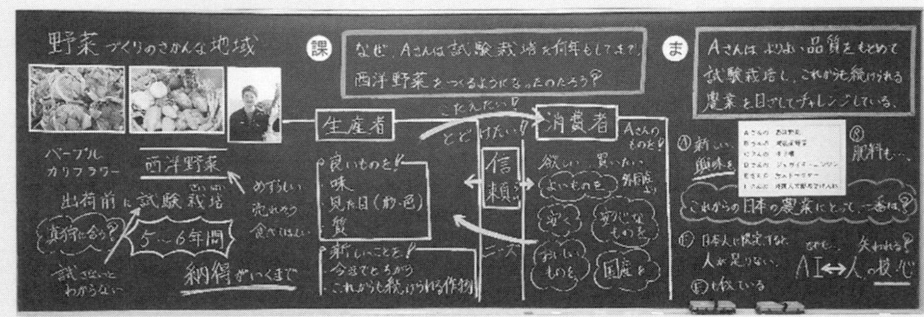

てまで、西洋野菜をつくるようになったのかな？

展開③ 考えをつなぐ場

大型モニター＆画面共有で交流する

［具体的な教師の関わり］

全体交流では、小集団交流で出てきた子供の考えを、グループごとに発表してもらいます。教師は生産者目線と消費者目線、それぞれの立場を明確にして板書していきます。様々な立場に立って考えられるようにすることが、多角的に考える力の育成につながります。視覚的に捉えやすい板書で示すことで、子供の思考を促す支援をしていくことが大切です。

また、立場は違っても、どちらも今後の我が国の農業にとって大切な考え方であることを価値付けることも大切です。

展開④ 吟味・検証・再考の場

Aさんの	西洋野菜
Bさんの	減農薬野菜
Cさんの	ゆり根
Dさんの	ジャガイモ・ニンジン
Eさんの	無人トラクター
Fさんの	外国人労働者受け入れ

農家の営みと今後の農業を考える

［具体的な教師の関わり］

消費者との信頼関係や続けられる農業を大切にしたいというAさんの話を提示します。その後、今後の日本の農業にとって、一番大切な取組はどれかを、既習をもとに考えます。6つの農家の取組には、新たな取組・ブランド化・特産品・労働力不足の解消など、「持続可能」な農業につながる大切な要素が含まれています。子供が、一番大切だと思うことを自分で決めて、考えを表現することが、「持続可能」な日本の農業について考える本単元のまとめに向けて重要になります。

教師と子供の対話例

「どれが一番だなんて決められないよ」と言う子供がいます。もっともな意見だと思います。農業に関わる人々も、同じ思いで日々働いています。自分たちの経営規模や生産スタイル、消費者からの要望などを考慮し、まさに選択・判断しているのです。この選択・判断が、私たちの食卓につながっている、日本の農業を支えているということを確認できるタイミングであると言えるでしょう。

今回のように、地元教材を使うと、どうしても地元の学習という色が濃くなりがちです。この単元は、日本の農業を扱う単元ですので、私は随時、教科書の事例との比較を行いました。「○○県の農家さんも同じように～しているんだね」と、単元を通して発言する子供たちの姿は、地元真狩の野菜づくりから日本の野菜づくり、日本の農業を学んでいった姿だと捉えることができるでしょう。

第5学年・全7時間

自動車をつくる工業

単元目標

日本の自動車生産について、製造の工程、工場相互の協力関係、優れた技術などに着目して、工業生産に関わる人々の工夫や努力を捉えるとともに、外国との関わりなどに着目して貿易や運輸の様子を捉える学習を通して、工業の発展と持続可能性について考えを深め、表現することができる。

「発想の転換」を生かす単元づくり

「教材化」のポイント　持続可能な貿易の在り方！

本単元では、自動車生産の学習を通して我が国の工業の特徴を捉えます。その際、どのような視点から追究し、学びを深めていくかが大切です。今回は、持続可能な貿易の在り方という視点から、子供たちの学びを深めていきます。

前単元で、日本の工業は原料を輸入し、製品を輸出していることを学んでいます。本単元では、自動車生産に関わる人たちの工夫や努力により、高品質な製品をつくり続けることで、国内はもちろん海外でも人気があることを学びます。逆説的に捉えると、貿易が成立しているからこそ、日本の工業は続けていられるのです。そこで、持続可能な貿易の在り方について追究することで、日本の工業の特徴を捉える学習を目指しました。

かつて貿易摩擦が起こり、相手国とのバランスを取らなければ貿易が続けられないことを日本は学びました。日本にとっても相手国にとっても利益がある貿易について、海外現地生産から学んでいきます。また、SDGs の指標達成において必須である、環境の視点からも持続可能性を捉えていきます。

これらの視点を関連させて考えるための具体として、世界一の自動車生産を誇るトヨタ自動車の営みを教材化しました。トヨタ自動車の具体から持続可能な貿易の在り方について追究し、日本の工業の特徴へと学びを深めていきます。

子供たちに付けたい力や態度

■**知識及び技能**

・自動車生産に関わる人々は、消費者の需要や社会の変化に対応して優れた製品を生産する工夫や努力をしていることを理解している。

■**思考力、判断力、表現力等**

・日本の自動車企業がもつ優れた技術や外国との関わりに着目し、工業生産と貿易を関連付けて考え、適切に表現している。

■**主体的に学習に取り組む態度**

・我が国の鉱工業生産に関わる様々な視点から主体的に学習計画を立て、追究を見直したり生活と関連付けて解決しようとしている。

「見方・考え方」を働かせるポイント

自動車生産の仕事や貿易についての学習は、見方・考え方を働かせる場面がたくさんあります。製造工程を調べることで、組み立て工場の周りにたくさんの関連工場が見えてきます。原料の輸入や製品の輸出から、工場が海沿いにある理由や相手国までの距離など、位置や空間的な広がりに着目して考える場面があります。貿易について調べていくと、国内生産からの輸出量と海外現地生産量の変化など、時期・時間の経過に着目して考えを深める場面があります。さらに、相手国との相互関係に着目して、持続可能な貿易の在り方について追究していきます。

「ICT・一人一台端末」を活用するポイント

自分たちがどのような製品を使っているか、Google Forms でアンケートを取ることで、「皆の家にある自動車は、たくさんのメーカーに分かれている」など、生活と学習をつなげてすぐに見える化できます。調べるための資料を Google Classroom で共有することで、個に応じた指導が可能になります。また、自動車の生産台数や貿易量の変化などのグラフを Google Jamboard に貼り付け、気付きや意見を付箋で共有することで、協働的な学びから追究意欲を生み出せます。

単元の展開

①単元を貫く学習問題をつかむ

私たちの自動車には、どのようなよいところがあるかを調べてみよう。

自動車産業と自分の生活をつなげるために、家庭や親戚、ご近所などの自動車を調べ、よさを Google Jamboard で共有します。「小さくて運転が楽だ」「大きくて人が多く乗れる」など、個別のニーズがあることを捉えることで、生産の工夫につながる視点をもちます。自動車生産の世界ランキングを提示することで、子供たちの追究意欲を喚起し、学習問題を設定するようにします。

【学習問題】
世界中で大人気の日本の自動車は、どのように生産されているのだろう。

生産されてから消費者に届けられるまでに関わる事柄を予想し、関係図に表しながら、単元の学習計画を立てます。

②調べる

工場では、どのような工夫や努力をして自動車を生産しているのかな。

「原材料の輸入」「生産工程」「輸送」など、学習計画を基にどのように生産され消費者に届けられているかを調べていきます。個に応じた学びのため、自動車会社のパンフレットや学習サイトを活用できるようにします。HP アドレスを Google Classroom で共有して、一人一人が自分に必要な情報を入手できるようにします。工場の様子を動画で見学します。ロボットが危険な仕事を行っている様子や、福祉車両が変形する様子を視聴し、様々なニーズに応じて生産していることを理解していきます。

調べた情報はオクリンクを使って共有し、「大量生産」「高品質」「環境によい」「人に優しい」などに分類することで、何のための工夫なのかを考えます。

単元を通じた子供の変容

導入で自動車について聞くと「自動車があると、いつでもどこへでも行けて便利」「日本は機械工業がさかんで、自動車もたくさん作っている」「日本の自動車は、外国でも人気」など、生活経験や既習から子供たちは答えます。

しかし、「どこで」「だれが」「どのような工夫をして」など、生産に関わる具体は、普段意識していません。だから、何が分からないかをはっきりさせながら、学習計画を立てる必要があります。学習を進めるうちに、個々のニーズに応えている、高い技術で高品

③考え・学び合う

なぜ、中国に生産工場を建てたのだろう。

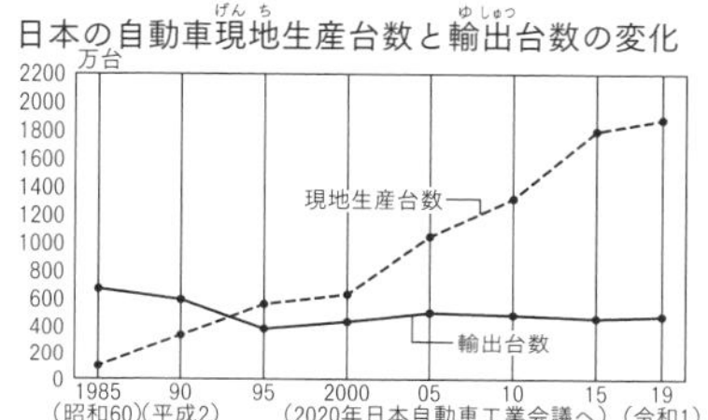

日本の自動車は海外でも人気のはずと考えた子供たちに、貿易量変化のグラフを Google Jamboard に貼り付けて提示します。「輸出が減っている」「海外現地生産が増えている」など、気付いたことを付箋に書き込みます。貿易の変化について個々の考えを整理・集約することで、協働的な学びを構築し、社会的事象の意味を問う1時間を設定します。

【社会的事象の意味を考える問い】
「以前は米国に多かったはずなのに、なぜ中国に現地生産工場を建てたのかな？」

日本と相手国、環境など、複数の立場や視点の相互関係に着目して、多角的に追究します。

④まとめ・生かす

消費者生活と自動車生産の関係をスライドにして発表しよう。

Google スライドを使い、プレゼンテーションを作って発表します。スライドを作る条件として、組み立て工場の様子や輸出量の変化など、学習してきた資料を根拠にするという条件を付けます。プレゼンは子供にとって互いの発表を見合う場であり、教師にとっては評価の機会になります。

子供たちは、仲間の発表を見て自分の考えを深めたり、広げたりできます。気付いたことはオクリンクでメモしておき、相手に送信することでさらに学びを深めたり、達成感を味わったりして、次の単元への意欲を高めることができます。また、教師はこれまでの学習を関連付けられているかを見取ることで、子供たちの生きて働く知識・技能の習得を評価します。

質な自動車をつくっている、関連工場と協力することで効率よく生産しているなど、生産者の工夫を理解していきます。その上で、社会的事象の意味を考える1時間の問いを追究しました。

高品質なものづくりができるからこそ、持続可能な貿易を実現しているのだと追究することを通して、子供たちの自動車産業に対する捉えは、生産と貿易、運輸、社会の変化や需要などを関連付けた思考に変容していきました。

社会的事象の意味を考える本時（第5時）

以前は米国に多かったはずなのに、

展開① 問いを生む場

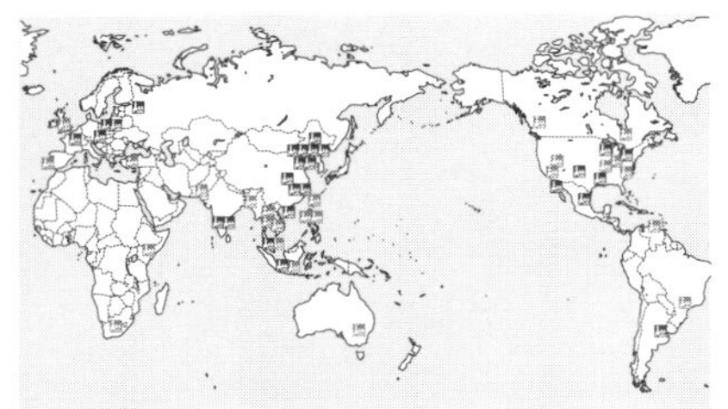

海外生産拠点を時間の変化ごとに提示し、置かれる国や地域の比較から問いを生む

[具体的な教師の関わり]

トヨタの海外生産拠点を、建てられた順にスライドで表示します。1990年代前半まで提示し、米国を中心とした北米に多いことを確認します。

「自動車大国の米国にもっと増える」「東南アジアにも増えるかもしれない」と予想した子供たちに、2010年までの変化を提示します。「今まで一つもなかったのに」「急に増えた」「米国より多い」など、北米に多かったはずなのに、なぜ、中国に、そして急に海外現地生産工場が増えていったのかという問いを生みます。

展開② 自分の考えをまとめる

既習の輸送コストなどと関連させて現地生産のメリットを考える

[具体的な教師の関わり]

子供たちは、「人口が多くたくさん売れるから」「現地の材料を使えるし、日本から送るより費用がかからない」と、トヨタ側のメリットを考えます。「たくさん売れるってことは、欲しい人がいるのかな」と問うと、中国側のメリットに目が向きます。「有名な会社が今までになかったから、日本の自動車が欲しいはず」「工場が建つということは、働く場所が増える」「自動車生産の技術を教われる」など、双方の立場から考えられるように関わります。

板書例

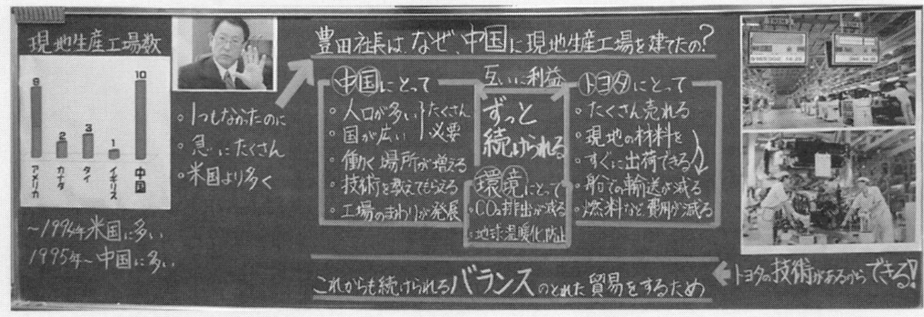

なぜ中国に現地生産工場を建てたのかな？

展開③ 考えをつなぐ場

3つのバランスから考えを深める

[具体的な教師の関わり]

子供たちは、トヨタと中国の二つの立場から発言します。中国と日本を往復する回数が減ることに着目し、燃料使用が減れば、環境にもよいことに気付くことができるようにします。

三つの視点が出た後に、「豊田社長は、どれを一番大切にしていると思う?」と、発問します。「トヨタの利益」「でも、中国にもメリットがないと続かない」「環境について考える必要がある」「全部大切にすることで、この貿易がずっと続くんだ」と、持続可能な貿易の在り方という価値に思考を深めます。

展開④ 吟味・検証・再考の場

高い技術力による高品質な物づくりという既習から、本時の学びを再考する

[具体的な教師の関わり]

「日本の自動車は高品質だから世界中で人気がある」という既習の視点から、本時の学びを再考します。品質について、「最新の工場だから大丈夫だ」「ちゃんと、技術指導しているはず」など、予想をはじめた子供たちに、中国の現地生産工場の写真を提示します。

日本の工場との共通点を子供たちは見付けます。「アンドンや指示ビラがある。ミスがないはず」と、海外でも高品質な自動車生産が可能だからこそ成立する、持続可能な仕組みであることを理解します。

教師と子供の対話例

本単元は、日本の工業生産について理解するための学習です。全体の特色を捉えるために、多様な工業から自動車生産を選択しています。さらに、子供たちがより具体的に考えることができるよう、トヨタ自動車に絞って教材化しました。反面、他社の自動車を使用している、自動車を使っていないなど、子供たちの家庭環境への配慮と言葉掛けも必要です。そこで、単元の導入で、「どの自動車にもよいところがあります」と多様なニーズを価値付けたり、単元の終盤に「他社の工夫も調べてみよう」など一般化を図ったりすることが大切です。

日々変化する社会に合わせて、授業内容も変えねばなりません。今回の授業では、最後に「自分がトヨタの社長だったら、次はどこに工場を建てますか?」と問いかけました。「広いアフリカでも、日本車が必要なんじゃないかな」などやりとりしながら、導入で提示したスライドに最新の工場を付け足しました。「やっぱり、アフリカでも続けられる仕組みなんだ」と子供たちは追究を深めました。

第5学年・全9時間

環境を守るわたしたち

単元目標

札幌市の豊平川の環境問題と国民生活との関連について考え、自然環境を改善・維持していくために、市や企業、市民が協力して行動することの大切さを理解することができる。また、札幌市の環境改善・維持を自分事として捉え、未来の環境を守っていく市民の一員としての自覚をもつことができる。

「発想の転換」を生かす単元づくり

「教材化」のポイント　札幌のシンボル「豊平川」を教材に！

教科書では､京都府の鴨川の環境汚染を解決する営みを取り上げていますが、環境について自分事として考えるきっかけになるように、札幌市に住む子供にとって身近な札幌市の「豊平川」を「持続可能」な視点から教材化しました。

現在、豊平川は市民の憩いの場であり、「時計台」と同様に札幌市のシンボルと言っても過言ではありません。また、毎年サケが遡上するほどきれいな水質が保たれている川です。しかし、1950年代には、生活排水や工場排水によって環境が悪化し、サケが豊平川から消えた時期がありました。そこで、1978年に市民が主体となって「カムバックサーモン運動」をはじめ、それに影響を受けた市も条例の整備を進めました。そのおかげで、徐々に豊平川の環境が改善されサケが再び戻ってきたのです。近年では、未来を見据えて野生サケを増やそうとする「ワイルドサーモンプロジェクト」もはじまり、豊平川の環境を未来へ残していこうというまさに「持続可能」な視点をもった市民の営みなのです。

しかし、こうした過去の水質汚染を乗り越えた人の営みがあってこその今の豊平川であることを子供は知るはずもありません。豊平川の汚染を解決してきた人の営みを学ぶことで、未来を担う市民として「未来の環境を守っていくのは自分たち」という「持続可能」な視点を養うのに適した教材なのです。

子供たちに付けたい力や態度

■知識及び技能

・豊平川の水質汚染解決に向けての市民や市の様々な努力を各種の資料を活用して調べ、生活環境の改善が図られてきたことを理解している。

■思考力、判断力、表現力等

・豊平川の水質汚染の発生時期や経過、人々の協力などに着目して、環境改善・維持の取組を捉え、その働きを考え適切に表現している。

■主体的に学習に取り組む態度

・札幌市豊平川の自然環境と市民生活との関連について、主体的に問題解決し、よりよい社会を考え学習したことを生活に生かそうとしている。

「見方・考え方」を働かせるポイント

本単元では、時間的な見方・考え方を働かせて考えられるようにしました。単元の導入では、今では想像できない汚染された頃の豊平川の様子に目を向けます。今と昔の豊平川の様子を比較することで、「なぜこんなに汚れているの？」「どうやって今のきれいな川になったの？」「どうやってサケが戻ってくる環境にしたの？」といった「問い」をもちます。また、関係的な見方・考え方も働かせて調べていく中で、「市民」と「札幌市」双方の協力があってこその環境改善であることに気付いていきます。さらにワイルドサーモンプロジェクトについて調べることで、未来を見据えた豊平川の環境を守ろうとする市民の意図が見えてきます。過去から現在、未来へと時間軸を主体とした追究を促すことで、未来の環境を守っていく市民としての自覚を養うことができるのです。

「ICT・一人一台端末」を活用するポイント

時間的な見方・考え方を働かせていくことで、豊平川の環境を取り戻していく市民や市の営みを「過去」「現在」「未来」という時間軸で、オクリンクなどの機能を活用してまとめてられます。「過去」や「現在」の豊平川の姿や人の営みを知るからこそ、「未来」という視点でも追究できるのです。

単元の展開

①単元を貫く学習問題をつかむ

「環境首都」札幌市の昔は、どんな様子だったのかな?

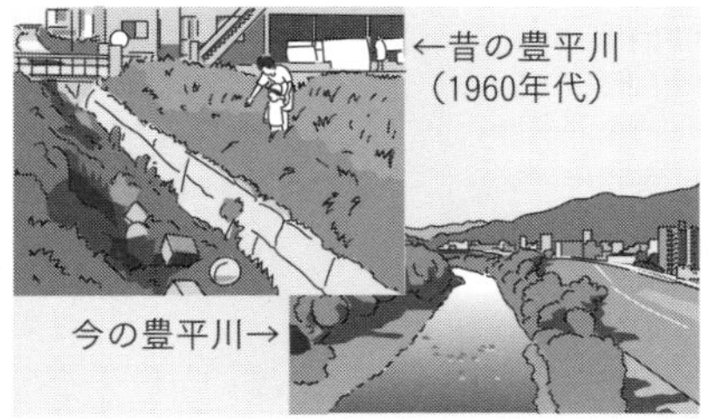

本単元の導入では、市民の憩いの場である豊平川の今と1960年代の写真を比較することで、環境に目を向けていきます。汚染された昔の豊平川の様子に驚くとともに様々な疑問を抱きます。「なぜ、こんなに汚れているの?」「どうやって環境をきれいにしたの?」といった疑問を束ねていくことで、学習問題をつかみます。そこで、学習問題を解決するための予想や見通しをタブレット端末のジャムボード機能を使って整理・共有しておくと効果的です。後の追究の際に予想に立ち戻ったり、解決したりできる喜びを実感できます。

> **【学習問題】**
> 札幌市は、どのように豊平川をきれいにし環境を守っているのだろう。

②調べる

どのようにして豊平川をきれいにし、サケが戻ってきたのかな?

単元を貫く学習問題について調べていきます。学習問題を解く鍵となる「カムバックサーモン運動」と「ワイルドサーモンプロジェクト」を伝えることで、子供たちは「この2つの運動にヒミツが隠されているはずだ」と見通しをもって個々に追究しはじめます。

一人一人の調べ学習の際には、タブレット端末のオクリンクという機能を活用して、札幌市豊平川さけ科学館のホームページやパンフレットから情報を収集し、蓄積していくと効果的です。

個々に手に入れた情報は、グループ内で時系列に整理したり、市民や札幌市の立場で整理したりすることで、多面的・多角的に考察できるように促していくことが期待できます。

単元を通じた子供の変容

単元のはじめでは、子供たちは札幌の憩いの場である豊平川が、過去に汚染されていた事実や環境を改善するための人の営みがあったことなど知るはずもありません。だからこそ、導入で提示した過去の豊平川の様子に対する驚きは衝撃的で、「知りたい!」「調べたい!」という追究意欲を喚起することができました。

そこからの子供たちは追究の火が付いている状態となり、市民や札幌市、企業が一体となって環境問題を解決していったことを夢中で調べていくのです。その上で、社会的

③考え・学び合う

どうして、Aさんはサケの稚魚放流数を減らすことにしたのかな?

提示資料：さけ科学館のAさんの言葉

社会的事象の意味を考える問いを追究する時間を設定します。

> **【社会的事象の意味を考える問い】**
> 「なぜAさんはサケの稚魚放流の数を減らすことにしたのかな?」

サケが豊平川に戻ってきた事実を学び、稚魚放流などのカムバックサーモン運動の成果であることを実感している子供たち。本時では「稚魚放流数を減らす」という事実を提示することで、さけ科学館のAさんの営みの意味を考えます。「野生サケ」を増やしていくという「ワイルドサーモンプロジェクト」について調べ、タブレット端末のオクリンク機能でまとめた追究の財産を共有することで、「放流サケ」を減らすというAさんの営みの価置を協働的に明らかにしていくのです。

④まとめ・生かす

キャッチフレーズを考えて、PRポスターを作ろう!

札幌環境都市　みらいへの想い

サケや豊平川の学習で終わってはいけません。豊平川にサケが戻ってきた事例を通して、未来の環境を守っていく自覚や責任を養うことが本単元のねらいです。

そこで、単元の終末では、「札幌環境首都　みらいへの想い」を紹介することで、豊平川の過去、現在の環境の様子を捉えてきた子供に「未来志向」で単元の学びをまとめる場を意図的に設定します。タブレット端末のオクリンクの機能を活用すると効果的です。「過去」「現在」「未来」といった時間軸を大切にしてきたからこそ、過去や現在の様々な人の環境を守る人の工夫や努力を表現するだけでなく、市民の一員として未来に環境をつなげていくという持続可能な視点で、まとめていくことが期待できるのです。

事象の意味を考える1時間の問いを追究します。ただ単に「稚魚放流を増やせばよい」と考えるのではなく、未来を見据えて「稚魚放流数を減らす」という発想の転換の意図を明らかにし、「今後は、自分たちが未来の札幌市の環境を守っていく番だ」という意識へと変容していくのです。

社会的事象の意味を考える本時（第４時）　稚魚放流をしたからサケが戻ってきた

展開① 問いを生む場

稚魚の放流を減らす事実から問いを生む

[具体的な教師の関わり]

本時の導入では、札幌市豊平川さけ科学館のＡさんの言葉をマスキングして、「サケの稚魚放流する数を□□します」と提示します。これまで、サケの稚魚放流のよさや成果を学んできている子供たちは、「もっと増やすのではないかな」と予想をするでしょう。そこで、「減らします」という事実を提示することで、「稚魚放流をしたからサケが戻ってきたはずなのに、なぜＡさんは稚魚放流の数を減らすことにしたのかな？」という問いが生まれるようにします。

展開② 自分の考えをまとめる

【放流サケ】弱い、小型、環境の変化に適応しにくい

【野生サケ】強い、大型、環境の変化に適応しやすい

時間軸を意識して考えを見取っておく

[具体的な教師の関わり]

子供たちは、これまでの追究の財産や新たな資料を根拠に、問いを追究していきます。教師は机間指導の際に、個々の追究している視点を見取り、価値付け、考えを掘り下げていくように関わることが重要です。また、「野生サケ」と「放流サケ」の違いを明らかにしておくことが、後の全体交流で「時間軸」という見方・考え方を働かせることで考えがつながる鍵となります。そのための布石をいかに打っておくか、子供が考えている思考をどうつなぐかを綿密に想定しておくことが大切です。

板書例

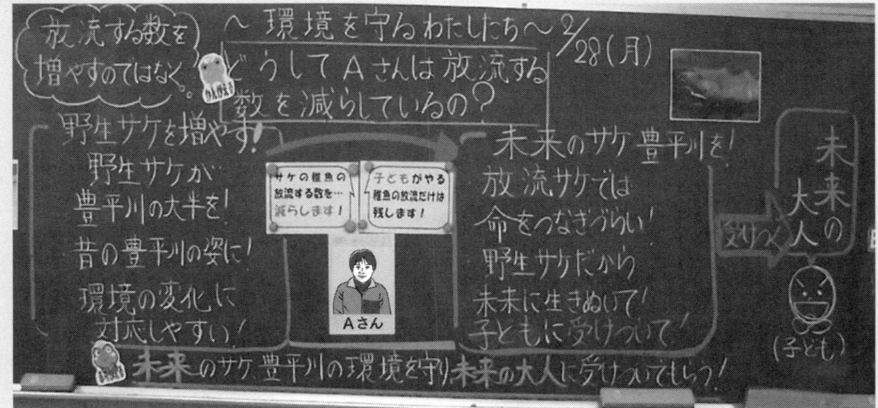

はずなのに、なぜＡさんはサケの稚魚放流の数を減らすことにしたのかな？

展開③ 考えをつなぐ場

「野生サケ」が増えることの価値を時間軸で多面的に考える

［具体的な教師の関わり］

子供たちは、「野生サケを増やす」「未来につながる」という２つの視点で追究していきます。この２つの視点が関連付くように関わるのが教師の腕の見せどころです。「野生サケが増えるとどんないいことがある？」と切り返したり、「今までどおり放流サケを増やしていけばいいのに？」と揺さぶったりすることで、あえて今、稚魚放流する数を減らすことが、未来の豊平川の環境を守ることにつながることが少しずつ明らかになってくるのです。

展開④ 吟味・検証・再考の場

子供が行う稚魚放流だけは残すＡさんの意図を再考する。

［具体的な教師の関わり］

最後に「子供が行う稚魚放流だけは残す」という事実を提示することでＡさんの営みの価値を再考していきます。「子供」という存在に着目することで、「農業や水産業の学びと似ている！」という気付きが生まれます。さらに「なぜ子供に？」と問うことで、「子供も市民の一員として」「子供の頃から環境に関心を」などと、時間軸の「未来」の中に自分たちが含まれていることを自覚し、未来の環境保全を担う参画意識へと高めていくことができるのです。

教師と子供の対話例

本実践の学びが、本単元だけで終結しないようにすることが大切です。つまり、他の単元の学びとのつながりを意図的にデザインすると、効果的な学びが期待できます。例えば「子供」「未来」という点に着目すれば、農業や水産業の単元の学びとの関連性を見いだすでしょう。また「環境」という点に着目すれば「工業」の単元の学びとのつながりに目を向けられます。日頃から学習が他の単元の学びや生活とつながる価値を子供自身が実感できるような工夫が求められます。教師が「他の学びとつながることは？」と投げかけたり、子供が「○○の単元で勉強したように」と学びと学びをつなげた瞬間を価値付けたりすることを積み重ねる以外に、方法はありません。

「子供」「未来」「環境」という学びの価値を繰り返し獲得していくことで、「持続可能」という切り口から社会科の価値を捉えていくことができるのです。

第６学年・全９時間

グローバル化する世界と日本の役割

単元目標

グローバル化する世界の日本の役割について、地球規模で発生している問題の解決に向けた連携・協力などに着目して調べ、国際連合の働きや、我が国の国際協力の様子を捉え、平和な世界の実現のために、持続可能な支援の在り方について考え、世界の平和と発展に思いを馳せる。

「発想の転換」を生かす単元づくり

「教材化」のポイント

「持続可能」をテーマに教材化するために、ここでは「教育」に焦点化して学習を構成していきます。子供たちにとって「教育」は一見、貧困や環境問題等の世界が抱える問題を解決する手段には見えません。しかし、「持続可能」をテーマとして教材化していくことによって、「世界が抱える問題の解決に直結した解決方法ではなさそうな支援が、いつかは大きな力となり、世界平和につながること」を感じ取れるようにすることができます。さらに、卒業期を迎える子供たちにとって、もう一度「学ぶことの価値」を感じられる単元としていくことができます。

世界が抱える問題を解決するための直接的な支援（例：ポリオワクチンを送る等）は、支援をし続けなければならない支援です。しかし、教育的支援を通して、その国の国民、国自体が成長していくと、いずれは支援が必要なくなる未来が生まれます。即効性のある支援も大切ですが、それだけではなく、未来を創る支援こそ持続可能な世界の在り方へとつながることを捉えさせたいのです。また、中学校へ進学する子供たちに、自分が今学ぶことができる環境がいかに幸せで、学び続けることがいかに大切かを感じられるようにしていくことで、学ぶことの価値を今一度見つめ直す時間としていければと考えます。

子供たちに付けたい力や態度

■知識及び技能

・我が国の国際協力および平和な国際社会の実現に向けて努力している国際連合の働きについて調べ、持続可能な支援の在り方を理解している。

■思考力、判断力、表現力等

・我が国の国際協力の様子を捉え、我が国が国際社会において果たすべき役割を多角的に考えたり選択・判断したりして、表現している。

■主体的に学習に取り組む態度

・予想や学習計画を立てながら学習問題を追究し、解決しようとしているとともに、我が国が果たすべき役割を多角的に考えようとしている。

「見方・考え方」を働かせるポイント

持続可能性について考えていくためには、時間の経過に着目して考えることは欠かせません。過去から現在、現在から未来を考えられるようにしていきます。単元の調べ学習を通して、「変化」を意識できるようにします。「この支援をしたらどんな変化が起こるのかな」「世界が抱える問題がどのように変化し、解決へ向かうのかな」こうした「変化」をしっかりと時間軸を意識できるようにしながら学びを積み上げていく必要があります。過去から現在、現在から未来などを意識できるよう支援とその後の影響を矢印を使って板書するなど、時間軸が見えるようにしていくことが必要です。

「ICT・一人一台端末」を活用するポイント

世界が抱える問題、それに向けた解決策、支援を行う機関等、この単元では調べることがとても広く、多岐に渡ります。そこで、一人一台端末を活用し、幅広く情報収集を進めていきます。ユニセフのHP等を活用しながら情報収集を行うとともに、集めたことをまとめることも大切です。そこで、オクリンクなどのアプリを活用し、分担して調べたり、調べたことをカードごとまとめて共有したりすることで、多岐にわたる情報を効率よく、整理できます。

単元の展開

①単元を貫く学習問題をつかむ

世界の国の５歳未満の子供の死亡率を比べてみよう。

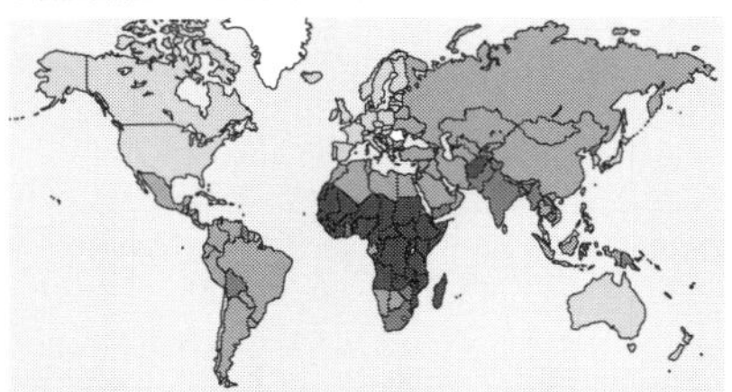
５歳未満の子供の死亡率の割合を示す地図

前単元で調べた日本とつながりの深い国の５歳未満の子供の死亡率を提示します。どの国も日本とそれほど差がないことに気付きます。次に、死亡率の高い国と、日本の差について問います。予想した後に、一人一台端末を利用し、多くの情報を集め、協働的な学びを通して、アフリカ地方に固まっていることに気付いていきます。また、同じようにその国が抱える問題を調べていくことで、支援の在り方へと目が向きます。広い情報から焦点化していく過程を通して単元の学習問題を生みます。

【学習問題】
世界のさまざまな課題を解決するために日本は世界と協力してどのような活動をしているのだろうか。

②調べる

日本は世界と協力してどのような活動をしているか調べよう。

単元の学習問題から、子供は学習計画を立てていきます。

- 紛争や貧困などの解決のために何をしているのだろう。
- 死亡率が高い原因とその解決に向けた支援はどんなものだろう。
- どんな国や団体が支援をしているのだろう。　　　　　　等

教科書、資料集等の資料のほかに、ユニセフなどの HP で調べていくことができます。多岐にわたる情報を集めるため、オクリンクなどのアプリを使い、情報をジャンルごとにまとめたり、調べた情報を共有したりできるように進めます。国際連合の働き、ODA や NGO などの働きなど解決に向けた人々の様子を捉えられるようにします。

単元を通じた子供の変容

単元の学習をスタートした子供たちは、我が国日本の状況が当たり前であり、スタンダードであると考えています。中には、学校に通い、学習することに対して、前向きに捉えられない子もいるのではないでしょうか。

こうした子供たちは世界の国々が抱える問題について調べ、状況を理解していく中で、その問題を誰がどう解決しているのかと考えていきます。ここではまだ、他人任せな捉え方です。さらに、調べていくことで、「100 円でできること」などを知り、自分たちにもでき

③考え・学び合う

この箱の中にはどんなものが入っているのかを予想してみよう。

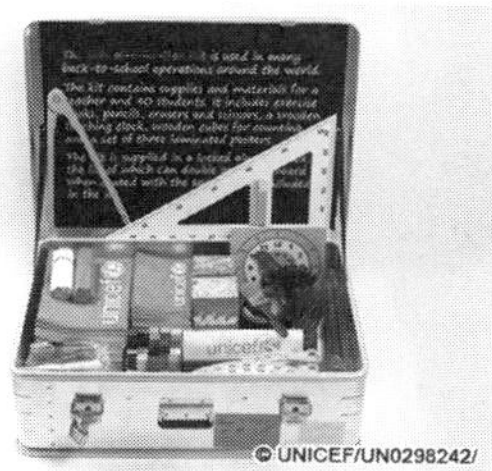
© UNICEF/UN0298242/

子供たちにアフリカの国に送られるメタルケースを提示します。中は見せずに、何を入れるのが有効な支援か考え、PC端末を活用して予想を全員で共有します。多くの子供は薬や食料など、命を救うための支援だと考えます。この段階で中身を提示し、「箱の中の学校」というものだと伝えます。

【社会的事象の意味を考える問い】
「病気を治したり、空腹を満たしたりできないはずなのに、なぜアフリカの国に『箱の中の学校』を送るのかな？」

子供たちの考えを、「問題の解決のために」という視点と「未来の状況を変えるために」という視点で板書し、時間的な見方・考え方が働くようにします。

④まとめ・生かす

学習したことを生かしてSDGs原因・解決カードをつくろう。

単元の終わりには、SDGsのポスターをもとに学習したことを生かして、世界が抱える問題について考えられる原因とその解決に向かうための支援をまとめていきます。

例えば、「①貧困をなくそう」というSDGsのイラストを、カードのように切り取り、裏にその原因として考えられることを書いていきます。「文字が読めないから、いい仕事に就けない」などと調べたからこそ分かることが整理されていきます。

さらに、その解決策として考えられることもまとめていきます。「学習環境を整える支援を行う。そのための募金に協力する」というように、国としてできること、自分ができることなどを整理します。単元を通してまとめていく方法も考えられます。

ることがあるのではないかと考え出します。

しかし、ここではまだ「支援してあげなければ」という感覚が強いと思います。「持続可能性」に向かうためには、単元を通して、「やってあげる支援」から「自立を促す支援」の必要性に気付いていくことが大切です。そして、教育の大切さに気付き、学べることの幸福を少しでも感じ取れるような単元にしたいと考えます。

社会的事象の意味を考える本時（第５時） 病気を治したり、空腹を満たしたり

展開① 問いを生む場

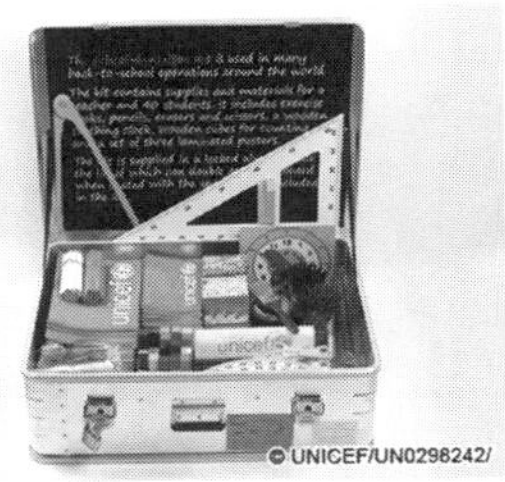

日本ユニセフ協会「箱の中の学校」の提示によって問いを生む

[具体的な教師の関わり]

単元を通して様々な支援について調べてきた子供たちに、アフリカの国への支援だと伝え、蓋を閉じ、中身が見えないメタルケースを提示します。

何が入っているかを予想し、オクリンク等を活用し、子供の予想を全員で共有します。なぜ子供の予想を聞いた後、ケースの蓋を開けます。中に入っている学用品を見せ、「箱の中の学校」と呼ばれるものであることを伝えます。子供の予想とのずれから、「箱の中の学校」を送る意味を考える本時の問いを生みます。

展開② 自分の考えをまとめる

単元で学んできたアフリカの課題を想起できるような資料

[具体的な教師の関わり]

自分の考えをまとめる際には、しっかりと具体物に触れられるようにします。子供が使うもの、教師が使うものなど様々な学用品からその意味を追究します。子供たちにはノートに考えたことを書くよう指示し、机間指導を通して、それぞれの考えを見取っていきます。

特に時間の経過についての見方・考え方を働かせることができるよう「勉強するとどうなるの?」「文字が読めるようになったらいいことがあるの?」などとその先を考えられるよう関わります。

板書例

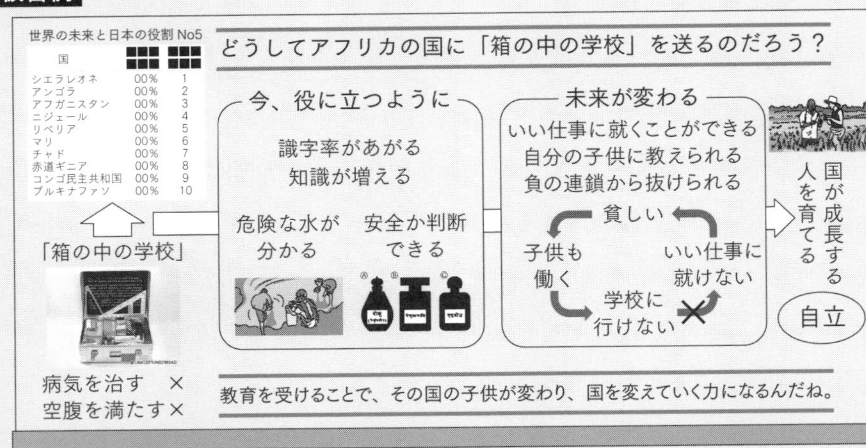

できないはずなのに、なぜアフリカの国に「箱の中の学校」を送るのかな？

展開③ 考えをつなぐ場

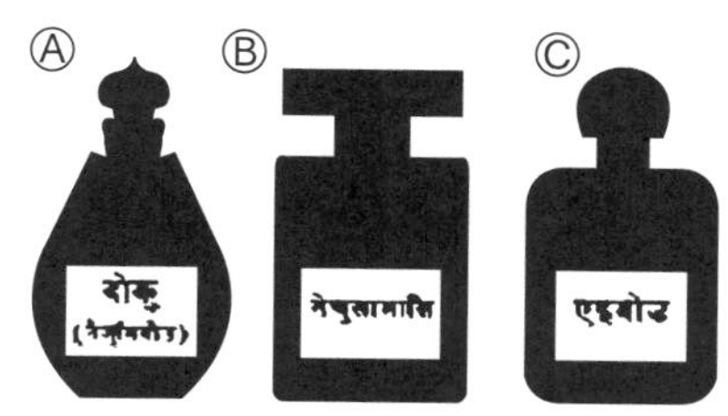

〈識字率の低さの危険性を訴える資料〉話し合いをイメージ化する資料提示を行う

［具体的な教師の関わり］

子供たちは、単元を通して学んできた世界が抱える課題を学ぶことで解決できるという方向性で話しはじめます。それを2つの視点でまとめます。一つは、即時効果的な視点です。「文字が読めるようになれば、薬の知識を得られる」などすぐに役に立つこととして捉える考えです。もう一つの視点は、未来的思考の視点です。学ぶことで自分を取り巻く環境を打破できるという視点となります。写真など具体的な資料を活用して話し合いながら子供のイメージを支えます。

展開④ 吟味・検証・再考の場

青年海外協力隊「農業支援」等、教科書の資料の共通点から人材育成の大切さに迫る

［具体的な教師の関わり］

学ぶことの意味について追究してきた子供に、青年海外協力隊の農業支援などの写真を提示します。共通点を問うことで、子供はどれも「教えている」ということに気付きます。「助けてあげる」という視点から「自立できる人・国づくり」という視点での支援が大切であることに気付いていきます。助けてあげる支援は、やり続けなければいけないが、自立した人・国づくりが進めば、「他のことも、他の国も」と支援が広がります。持続可能な支援の在り方に迫ります。

板書のポイント

板書は左から右へ流れるような構成で書きます。板書の一番左には、現在の5歳未満児死亡率や本時で提示する「箱の中の学校」の資料を貼るようにします。ここが「現在」の時間軸となります。メタルケースの中身を予想した際の子供の反応もしっかり位置付けておくことで、学習問題を生む際の「〜のはずなのに」が明確になります。

本時の学習問題を書いた後には、2つの視点で板書をしていきます。これもまた左から右へ時間軸が表現されます。「今、役に立つように」では、学ぶことで起こり得ることを位置付け、「少し先の未来」を感じられるようにします。

「未来が変わる」という視点に関しては、10〜20年程度先の未来について話す子の考えを位置付けます。黒板の一番右側には、「箱の中の学校」とは違う社会的事象から一般化を図ります。最後は、持続可能な支援の在り方を捉えられるようにしていきます。

Theme04

「貢献」をテーマとして単元を教材化する

ここまで「ニーズ」「立場」「持続可能」をテーマに掲げてきました。最後は「貢献」をテーマにした単元の教材化の可能性について考えていきます。「貢献」という言葉については、「小学校学習指導要領解説　社会編」において、以下のように登場します。

「社会生活についての理解とは、人々が相互に様々な関わりをもちながら生活を営んでいることを理解するとともに、自らが社会生活に適応し、地域社会や国家の発展に**貢献**しようとする態度を育てることを目指すものである」

（太字は筆者による）

このように「社会生活についての理解を図る」ことについては、社会科の発足以来、教科目標として位置付けられており、地域社会や国家の発展に貢献しようとする態度は社会科固有の目指すべき態度だと考えられるでしょう。

一方で、内閣府からは気になる調査が報告されています。

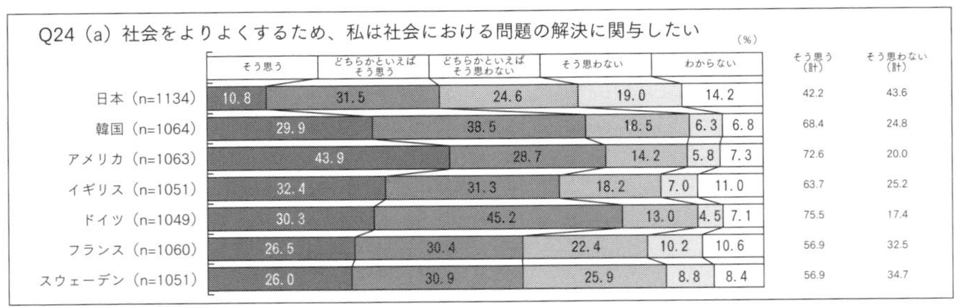

出典：「我が国と諸外国の若者の意識に関する調査」（H30）

この資料からは、残念ながら日本の若者は社会参画への意識が諸外国と比べて低いことが分かります。

社会科は発足以来、地域社会や国家の発展に貢献しようとする態度の育成を目指してきました。若者の希薄な社会参画意識における社会科の責任は大きいと考えるのは私だけでしょうか。今こそ、「貢献」をテーマとして単元を教材化する必要性を痛感しています。

第４学年「自然災害からくらしを守る」の学習を例に考えてみましょう。札幌市は１年間で約５ｍもの雪が降るものの、人々の生活はさほど不便さを感じません。なぜなら、優れた除雪・排雪システムが整備され、市民生活の影響を考えながら丁寧に運営されているからです。一方で、このような除排雪システムも近年進む少子高齢化や人口減少、多様化した市民の要望などによって、その持続可能性がゆさぶられています。

そこで、このような社会に見られる課題を子供たちに提示していきます。例えば、「市民の苦情で一番多いのが除排雪の取組である」という事実を提示したらどうでしょう？　子供たちは市民の要望に触れ、「夜中に除雪をしてくれているのだから我慢しないといけない」「わたしたちも市民として玄関前の除雪はしないといけない」などと市民としての役割を考えていくのではないでしょうか。また、「高齢者を救うため中学生が雪かきボランティアをしている」という事実を提示したらどうでしょう？　雪かきボランティアの意味を理解し、「自分も近所のお年寄りの家を雪かきをしよう」「中学生になったら自分も協力しよう」などと社会が抱える課題の解決に向けて自ら参画しようとする姿が引き出されるのではないでしょうか。

「貢献」は、安易に社会参画を目指す教材化ではありません。社会生活についての理解を丁寧に行うことで、自分の「これからの生き方を考える」ことにつながります。このような視点に立つと、第４学年「国際交流に取り組む地域」でも教材化が可能です。北海道ニセコ町は豊かな自然環境の中でスキーやラフティングなどを楽しもうと多くの外国人観光客が訪れる国際交流のさかんな町です。そのような特色ある町になった背景には日本人町民、外国人町民など様々な人々のまちづくりへの参画があります。豊かな自然を守るために日本人と外国人が協力してゴミ拾いをする姿、日本人と外国人の相互理解のためにラジオの二か国語放送を企画する放送局の営みを教材化することで、国籍や立場を超え、「共生社会」を築こうとする人々の知恵と汗、願いが浮かび上がってきます。

このように地域社会や国家の発展に貢献しようとする具体的な人々の営みの意味を学ぶことで、子供たちは市民として、国民としての生き方のモデルを社会科を通して学んでいくことができるのではないでしょうか。

第3学年・全8時間

火災から人々の安全を守る

単元目標

火災から安全を守る働きについて、消防施設・設備などの配置、緊急時への備えや対応などに着目して、消防署などの関係機関や地域の人々の働きを捉え、消防署などの関係機関は地域の人々と協力して火災の防止に努めていることを理解するとともに、学習したことを基に地域の安全を守るために自分たちができることを考えようとする態度を養う。

「発想の転換」を生かす単元づくり

「教材化」のポイント　消防の限界と市民の貢献

今回は、火災から人々の安全を守る取組を「貢献」という視点から教材化しました。わたしたちの安全な生活は消防署や警察署など様々な人々の営みによって支えられています。消防署の方々は季節、天候を問わず防火服を着て訓練に励み、火災から人々の安全を守るために24時間体制で任務にあたっています。また、警察署などの関係機関とも相互連携したり、地域の消防団や町内会と協力して火災の防止に努めたりしています。

しかし、このような消防署の方々の取組にも限界があります。大雪の降る札幌では消火栓が雪で埋まってしまうという悩ましい問題が起きてしまいます。消火栓は市内に17000基以上あります。中には凍り付いて固まってしまう消火栓も少なくありません。この消火栓を消防士だけで除雪するには膨大な時間がかかってしまいます。

そこで、市民の登場です。市内には消火栓の除雪をしているボランティアの方々がたくさんいます。地域の安全を守る取組と自分たちの身近な生活との接点が消火栓除雪にあるのです。この消火栓除雪がつなぐ消防署と市民のあたたかいつながりを教材化することで、地域の消防活動に主体的に貢献しようとする子供たちの参画意識の向上をねらいました。

子供たちに付けたい力や態度

■知識及び技能

・見学・調査したり、資料で調べたりして消防署などの関係機関は地域の人々と協力して火災の防止に努めていることを理解している。

■思考力、判断力、表現力等

・消防署などの関係機関や地域の人々の働きを関連付けて考えたり、学習したことを基に社会への関わり方を選択・判断したりしている。

■主体的に学習に取り組む態度

・火災から安全を守る働きについて予想や学習計画を立て、学習を振り返ったり、よりよい社会を考えたりしようとしている。

「見方・考え方」を働かせるポイント

火災から地域の安全を守る取組を調べていくと、消防署だけでなく、警察署、消防団、病院などの関係機関の連携が見えてきます。その際、教科書などの資料に記載されている火災現場のイラスト図が役に立ちます。それぞれの立場の人々がどのようなことしているのかをイラスト図を使って整理していくことで、連携や協力といった相互関係的な見方･考え方を働かせることができます。

また、消火栓などの消防設備を調べる際は、位置を地図にまとめるとよいでしょう。そうすることで、分布や範囲などの位置や空間的な見方・考え方を働かせて消火設備の配置の意味を捉えることができます。

「ICT・一人一台端末」を活用するポイント

本単元では、火事の恐ろしさや消防隊の活動の様子、消火設備などを実際に見たり、体験したりする学習を取り入れたいところです。しかし、そのような学習を行うことが難しい場合もあるでしょう。そんなときはICT・一人一台端末を活用しましょう。WEB上では、火事や消防士の活動の様子を伝える動画がたくさんあります。また、地域の消火栓の位置を一人一台端末の共同編集ソフトを使って協働してまとめることも効果的でしょう。

単元の展開

①単元を貫く学習問題をつかむ

どうして火事の件数は減ってきているの？　どうやって早く火を消すの？

動画やイラスト図などを用いて火事の恐ろしさや火災時にどんな立場の人たちがどのようなことをしているか読み取った子供たちに火事の件数の推移を提示し、火事が減ってきた理由に目が向くようにします。さらに、建物の全焼数を提示することで、早く消火活動が行われていることに気付かせていきます。

「火事がなぜ減ってきたのか」「どのようにして早く消し止めているのか」など、火事を防ぐ取組や火災時の消防士の働きへと追究を方向付けていきます。

【学習問題】
火事が起きたときや火事を防ぐために、だれがどのような働きをしているのだろう？

②調べる

消防士は何をしているの？
火事を防ぐために何をしているの？

学習計画を基に火災への備えや対応について調べていきます。その際、消防署の方から聞き取り調査を行ったり、学校や地域の消防施設の数や分布を調べたりするなど体験的な学びを大切にしましょう。

難しい場合は訓練の様子を動画で見たり、Google Meet を使用して消防士に聞き取り調査を行ったりすることもできます。一人一台端末を利用すれば、情報を共有したり、消防施設など調べたことをGoogle Jamboard などの共同編集ソフトで地図にまとめたりすることもできます。

このような具体的な調査活動を行うことで、火事から生活を守るためには「早さ」と「確実さ」が大切であることが明らかになっていきます。

単元を通じた子供の変容

恐ろしい火の海に飛び込んでいく消防士の姿は子供にとってヒーローそのものです。しかし、イラスト図から読み取る活動をしてみると「水で火を消している」「はしご車から人を助けている」など目に見えることしか読み取ることができませんでした。

そこで、消防士に聞き取り調査を行ったり、消火栓の雪を何時間もかけて雪かきをしている意味を考えたりする活動を行ったところ、消防士の大変さや苦労、人の命を守る姿勢に触れ、憧れや尊敬に似た思いをもつことができたようでした。

③考え・学び合う

なぜ消防士さんは消火栓の周りを毎日雪かきするのかな？

緊急時に備え、訓練を欠かさず行っているはずの消防士が、冬の期間は消火栓の雪かきばかりしているという事実からその社会的事象の意味を考える１時間を設定します。

> **【社会的事象の意味を考える問い】**
> 「なぜ消防士さんは消火栓の周りを毎日雪かきするのかな？」

ここでは、「早さ」「確実さ」といった調べ学習で明らかになった消防活動の工夫と結び付けて考えていくことが大切です。冬の時期でも消火栓をいつでもすぐに使えるようにすることで火災から命を守ろうとしている消防士の営みの意味を捉えられるようにしていきます。

④まとめ・生かす

学習問題を振り返り、イラスト図にまとめよう。

単元のはじめに取り上げたイラスト図を用いて学習問題「火事が起きたときや火事を防ぐために、だれがどのような働きをしているのだろう？」に対するまとめを考えていきます。同じイラスト図を用いることで単元のはじめより具体的に消防士や関係機関の働きを説明できるはずです。

ここでも Google Jamboard などの共同編集ソフトを使えば、協働的に学ぶことが可能でしょう。また、火災の予防という視点を加えれば、市民の役割を書き込もうとする子供も現れるでしょう。学習したことを基に社会への関わり方を選択・判断する姿として大いに認め、広げていきたいものです。

冬を迎えると、「今日、消火栓が雪かきされていたよ」「この前、消火栓の雪かきをお父さんとしたんだ」と子供たちが嬉しそうに報告しにきます。その姿からは消火栓という見える物から地域の安全を守る消防士の見えない営みを見つめ、その思いに応えようとする気持ちが伝わってきます。

社会的事象の意味を考える本時（第8時）　なぜ消防士さんは消火栓の周りを

展開① 問いを生む場

雪かきをしている写真を大型モニターに写し、その後、隠していた消火栓を見せる

[具体的な教師の関わり]

消防士は緊急時に備え訓練に励んでいることを子供たちは理解しています。そんな子供たちに冬の消防士の１番の仕事は雪かきであることを伝えます。子供たちの中には「消防士にとって訓練が１番大切なはずなのに、どうして雪かきが１番なのか?」と疑問に思う子が出てくるでしょう。教師はその思いを学級全体に広めていきます。次に、消火栓を除雪している消防士の写真を提示します。そうすることで、消火栓の雪かきをする意味へと問いを焦点化していきます。

展開② 自分の考えをまとめる

消防士が消火栓の雪かきをする意味を考える

[具体的な教師の関わり]

子供たちは、冬でも消火栓が使えることのよさに目を向けていくでしょう。その際、教師は「もし使えなかったらどんなことが困るのか」「いつでも消火栓が使えるとどんなよいことがあるのか」「消防士はどんなことを大切にして消火活動をしていたのか」などを問いながら一人一人に関わっていきます。そうすることで、単元の中で明らかになった消火活動における「早さ」や「確実さ」の大切さと消火栓を雪かきする意味が結び付き、理解が深まります。

板書例

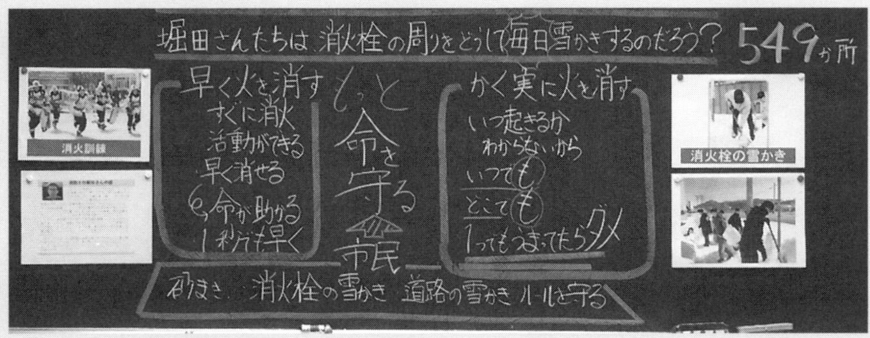

毎日雪かきするのかな？

展開③ 考えをつなぐ場

「早く消す」「確実に消す」という二つの視点から消火栓除雪の意味を捉える

[具体的な教師の関わり]

考えをつなぐ場では、子供たちの考えを「早く消す」「確実に消す」という二つの視点でまとめていきます。

その際、早く消すことのよさを具体的に引き出したり、火事は起きないこともあることから「毎日雪かきする」ことの意味をゆさぶったりすることが大切です。

そうすることで、確実にいつでも消火栓を使えるようにすることと火を1秒でも早く消すこととを結び付け、消火栓の雪かきが「命を守る」ことにつながるということに気付かせていくのです。

展開④ 吟味・検証・再考の場

消火栓除雪への市民参加の意味に着目する

[具体的な教師の関わり]

消火栓は市内に1万7000基以上あります。最後は子供たちに地域に存在する消火栓の数に目を向けさせていきます。無数にある消火栓全てを消防士が除雪することの限界に子供たちは気付くでしょう。

そこで、地域の方が消火栓を除雪する写真を提示します。消防士ではない人が除雪する姿に子供たちは様々な反応をするでしょう。教師は、子供のつぶやきなどの反応を敏感に感じ取り、社会に貢献しようとする市民の行動の価値を捉えられるようにします。

教師と子供の対話例

本実践では、消防士が消火栓の雪かきをする意味を「早く消す」「確実に消す」という2つの視点から明らかにしていきました。その後、消火栓の数に着目し、消防士だけで消火栓の除雪を行うことの限界に気付かせることができました。

そんな子供たちに地域の方々が消火栓の除雪をしている写真を提示しました。子供たちからは「そうか、地域の人がやると消防士さんは訓練ができるね」「消防士さんを助けたらもっと安全なまちになるね」という市民が消防士に代わって雪かきをする価値に気付く声が挙がりました。同時に「わたしも冬になったら手伝いたい」「ぼくのお兄ちゃんも雪かきしてるよ」と社会に参画したいという思いや自分の生活と社会的事象を重ねて捉える姿が見られました。

このように、子供が社会と自分との接点に気付くような教材化を行うことで、子供の中に地域社会の発展に貢献しようとする態度が育まれるのだと実感しました。

第４学年・全７時間

風水害からくらしを守る

単元目標

風水害に対する地域の関係機関や人々の働きについて、人々の命や財産を守る札幌市の活動を捉えるとともに、関係機関の協力に気付き、その働きによって地域に貢献していることを理解することができる。また、住民一人一人や地域住民との協力によって命を守っていることに気付き、自分たちのくらしとの結び付きを考えることができる。

「発想の転換」を生かす単元づくり

「教材化」のポイント　身近な社会的事象を取り上げる

風水害による被害を防ぐ人々の営みを追究することで、地域への「貢献」について考えます。子供にとって、風水害の被害は「誰かが助けてくれるもの」と自分から働きかけるイメージをもちにくいように思います。この単元の学習を通して、「市は風水害からこのように守ってくれる」と地域の防災対策に関わる市の働きを学ぶとともに「地域住民の一人としてできることがある」と地域住民が主体的に貢献していることを知ることで、社会参画の芽を育みたいと考えます。

そのために、地域の町内会で行われる防災訓練を取り上げます。本校の地域内に洪水や土砂災害の被害が想定される個所が広くあります。毎年７月に行われる「澄川地区連合防災訓練」では、防災部長のＴさんを中心に、消防隊員や地域住民と一緒に訓練を行います。災害に備えた「自助」「共助」「公助」の取組の具体を知ることで、家族や地域の未来に貢献する意識が高まります。Ｔさんと土のう積み訓練を実際に体験する学習を通し、苦労や協力する必要性を実感することで、地域住民が公助の取組への感謝や自助・共助の重要性に気付けるようにします。こうした取組が地域住民の命を守ることにつながるという価値に迫り、自分事として防災への貢献を考えることができるようにします。

子供たちに付けたい力や態度

■知識及び技能

・風水害に対する地域の関係機関や人々の働きについて、様々な協力をして対処してきたことや、様々な備えをしていることを理解している。

■思考力、判断力、表現力等

・過去に発生した地域の風水害、関係機関の協力などに着目して、災害から人々を守る活動を捉え、その働きを考え、表現している。

■主体的に学習に取り組む態度

・風水害から人々を守る活動について、主体的に問題解決しようとしたり、考え学んだことを社会生活に生かそうとしたりしている。

「見方・考え方」を働かせるポイント

ハザードマップを用いて校区内や札幌市全体の危険個所を調べることで、空間的な見方・考え方を働かせることができます。地域の浸水危険個所や土砂災害危険個所を調べることで、土地の低い所が浸水被害を受けやすく高低差の大きい所で土砂災害が起きやすいことを、校区内の様子と照らし合わせて考えることできます。市全体で見ると、上流域で土砂災害が発生しやすく下流域で浸水が起きやすいことが見えてきます。地理的な条件を身近な事象と結び付けて空間的な見方・考え方を働かせて考えることができます。

「ICT・一人一台端末」を活用するポイント

スクールタクトを使うことで、個々の調べ学習の成果や考えた意見を効率よく共有することができます。例えば、校区のハザードマップを添付し、気付いたことを記入する課題を提示します。子供は校区内の土砂災害や浸水の危険がどのように分布しているかが分かり、同じ校区内でも気を付けることに違いがあることが見えてきます。危険な場所や避難所までの経路について個々に調べたり考えたりしたことを一覧で表示し、友達との共通点や差異点を交流し合うことで話し合いを活性化し、共通理解を深めていきます。

単元の展開

①単元を貫く学習問題をつかむ

平成26年9月11日の大雨の様子を調べよう。

風水害が人の手によって防がれていることに焦点化するために、校区のハザードマップをスクールタクトで提示します。個々に気付いた事を書き込みながら、校区の危険個所の細かな所まで見ていきます。市内で被害があったにもかかわらず校区の被害は0件であった事実から、風水害を防ぐ札幌市の取組に焦点化します。子供は自分の住む地域の危険性や備えがあるかを知らないものです。こうした「あれども見えず」といった社会的事象を取り上げることで、追究する意欲を高めます。

【学習問題】
水害からくらしを守るために、札幌市や地域の人々はどのようなことをしているのだろう。

②調べる

札幌市や地域の人々は、水害を防ぐためどのようなことをしているのだろう。

単元を貫く学習問題を調べる際、「救助の仕方」「施設」「連携」「地域の備え」など子供たちと作ったキーワードごとに一人一人の学習計画に応じて学習課題に取り組む場を設定します。こうした調べ活動によって、見通しをもった学びとなるようにします。

調べたことをオクリンクで「一番すごいと思ったことは何か?」キーワードを一覧で交流する場を設けます。異なる考え方を比較や関連付けることで、市の働きの意味や価値に迫ります。

また、町内会の防災部長のTさんから町内会の防災訓練の様子を聞いたり、土のう積み体験などを行ったりして、身近な地域を窓口に防災を具体的に考えることを大切にしていきます。

単元を通じた子供の変容

単元のはじめ、子供たちは「水害が発生したら、消防の人や自衛隊の人が助けてくれる」「洪水にならないように、工事していた」など、万が一に備えてくれている人がいることを知っている一方、地域で防災訓練を行っていることやハザードマップがあることを知っている子供は少数でした。

Tさんを招いて体験的活動を行ったり、資料をもとに調べ活動を行ったりする中で、「消防の人は救出のためにこんなに訓練や準備をしている」「札幌市は市民のためにハザー

③考え・学び合う

町内会のＴさんは、なぜ地域の人と土のう積み体験を行っているのだろう。

水害の被害を防ぐ札幌市や町内会の取組を調べた子供たちと、給水や土のう積み等、住民も参加する防災訓練の意味を考える問いを生むようにします。

【社会的事象の意味を考える問い】
「なぜ町内会のＴさんは地域の人と土のう積み体験を行っているのかな？」

市や消防に頼りすぎず、訓練の経験を通して自分にできることは自分で行い、できない部分は地域で協力するという自助・共助・公助をバランスよくすることで、水害から地域のくらしを守ろうとするＴさんの思いや願いに迫ります。また、防災訓練の参加者を調べることで、地域の一員としてできることを再考します。

④まとめ・生かす

学んだことをノートにまとめ、おうちの人に伝えよう。

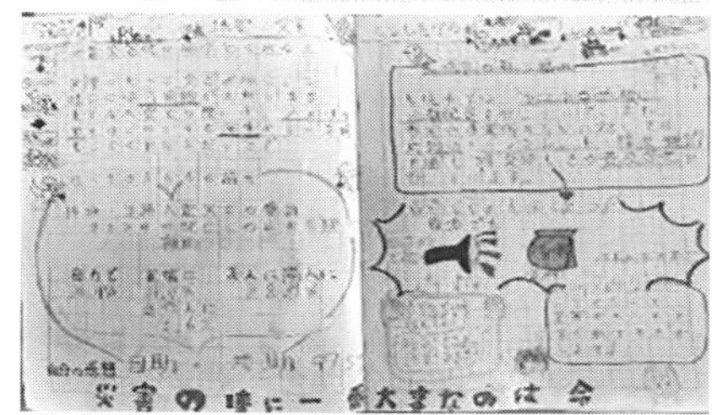

防災について学んできたことを広めたいと考えた子供たちに、身近な人に伝えようと投げかけます。子供は伝えたいことがうまく伝わるまとめ方を考えながら、ノートに記入します。その際、スクールタクトでまとめることも可能です。教師は、これまでの学習内容を板書で掲示するとともに、キーワードを目立たせたり、枠・矢印等を用いて図化したりすることで伝わりやすくする方法も伝えます。

こうして、市の防災の取組や住民として何が協力できるか選択・判断できることをノートにまとめることで、市や町内会の営みを改めて大切にするとともに、家族の一員として・地域の一員として何かできることはないかという貢献の意識を高めていきます。

ドマップなどでお知らせしている」「町内会では住民のために災害に備えた取組をしている」と、水害からくらしを守る公助の貢献についての知識を身に付けていきました。その上で、社会的事象の意味を考える本時の問いを追究しました。「市や消防に頼りすぎず、住民にできることは自分たちでできるようにするのが大切だ」「家で準備できるものをおうちの人と話し合いたい」と考え、「住民同士でできることを訓練することも地域に貢献すること」と考えを変容させていました。

社会的事象の意味を考える本時（第６時）　なぜ町内会のＴさんは地域の人と

展開① 問いを生む場

「風水害から住民を守るのはプロの仕事」という既習とのずれから問いを生む

[具体的な教師の関わり]

　はじめに、澄川地区で行われている防災訓練の様子を写真で提示します。町内会のＴさんを中心に、給水車を使う訓練や瓦礫を歩く訓練など、参加した市民が直接関係のある訓練ばかりである一方、土のうを作り積む訓練も行っていることを提示します。防災のプロである消防署がやる土のう積みを、プロではない住民が行っていることにズレを生み、「なぜ町内会のＴさんは地域の人と土のう積み紃練をするのか」という問いを生みます。

展開② 自分の考えをまとめる

澄川小学校区の
水害の危険箇所を見てみよう

洪水

土砂災害

防災のプロではない住民が土のう積み体験を行う理由を考える

[具体的な教師の関わり]

　子供たちは「自分の家の前までプロの人ができない」と公助に限界があることについて考えていきます。また、家の前の写真を提示し、どこに置くと「自分のことは自分でやる」ことが公助を助ける貢献につながるなど、自助の視点から考えていきます。全体交流の場で、教師はこうした考えを価値付けるとともに、ハザードマップを提示し、「どの場所でもそうなの？」と問うことで洪水の危険性の低い住民がいることに気付かせることで、共助に目が向くようにします。

板書例

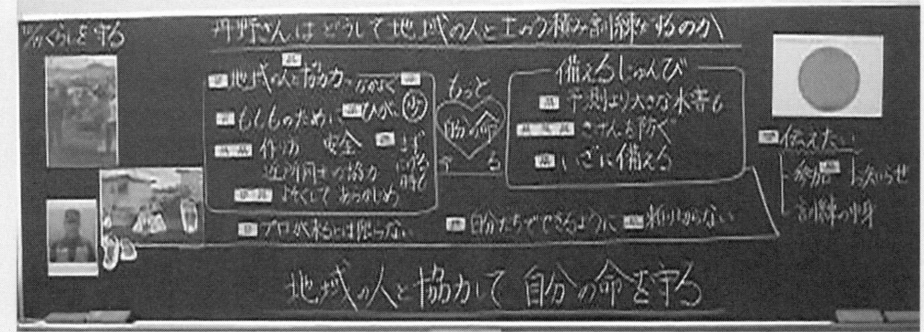

土のう積み体験を行っているのかな？

展開③ 考えをつなぐ場

Ｔさんの営みの意味を、自助・共助・公助の関連から考える

[具体的な教師の関わり]

住民みんなで土のう積み体験をするよさを話し合うことで、「いざに備えることが大切」「他の人の手助けができる」と訓練の経験が共助につながることを考えていきます。訓練を通して自助・共助を知り、公助に頼りすぎないようにすることを板書で表すことで、住民の命を守ろうとしているＴさんの営みに迫ります。こうした学習は、地震の防災訓練で救出訓練を行う意図や備蓄庫に人数分の食料を備えていない意図を考えていくことでも追究できます。

展開④ 吟味・検証・再考の場

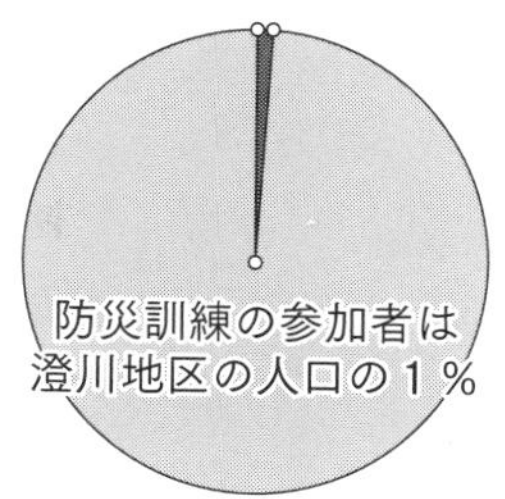

地域の一員としてできることについて再考を促すことで、選択・判断できるようにする

[具体的な教師の関わり]

防災訓練を行うよさを考えてきた子供たちに、防災訓練の参加者は澄川地区全体の1%であることを提示し、自分たちの命を守るためにできることは何かを選択・判断できるように再考を促します。

「何でも任せきりにしない」「市のがんばりや自分にできることを家族にも伝えたい」「子供ができる範囲でお手伝いしたい」と再考することを通して、自分たちにできることを選択・判断することで、社会参画の芽を育むことができるようにします。

板書のポイント

授業の終わりに「今日のまとめ」が一目で分かるようにしたいものです。

子供の発言をもとに板書を構成し、「本当は消防の人が来てくれるけれど、必ず来るとは限らない」「何でも消防の人に頼り切らない」など、公助が防災を支えているものの、限界もあることが伝わるよう、土台の枠で示しました。「もしものときに備えて練習しておくことが大事」「近所の人同士の協力の仕方を練習する」といった意見を「地域の人と協力」（共助)、「ハザードマップでは大丈夫な地域でも、大きな被害に備えたほうがいい」「どこにいてもできるよう、いざに備えるのが大事」といった意見を「備える準備」（自助）に子供の考えを位置付けます。公助の支えのもと自助と共助が機能することで「もっと自分の命を守る」ことが見えてくるよう板書を工夫します。

地域の防災訓練の参加者が1%であることを視覚的に捉えられるよう、円グラフを提示することで、訓練の重要性について再考を促すことができるようにします。

第４学年・全９時間

残したいもの　伝えたいもの

単元目標

県内の文化財や年中行事は、地域の人々が受け継いできたものであり、それらには地域の発展など人々の様々な願いが込められていることを理解するとともに、主体的に学習問題を追究しようとする態度や、地域の伝統や文化の保存・継承に関わって自分たちにできることを考えようとする態度を養う。

「発想の転換」を生かす単元づくり

「教材化」のポイント　未来へつなぐ冬まつり

雪や寒さは面倒で厄介なもの…。それに対して、先人たちは大量の雪を「大変だ」「困った」ものとしてではなく、「雪や寒さは宝物だ」と謳い、冬まつりや雪まつりをはじめとして、北海道の各地で様々な取組を受け継いでいます。例えば､冬のお祭りというと「さっぽろ雪祭り」が有名ですが､「旭川冬まつり」も歴史が長く、その前身は1946年（昭和21年）にはじまっています。60年以上続く北海道の冬を代表する大イベントのひとつとなり、住民も観光客もたいへん楽しみにしている「旭川冬まつり」ですが、今、コロナ禍によって開催の危機にさらされています。そんな危機を乗り越えるため、旭川市は２年続けてオンラインで冬まつりを開催しました。結果、たくさんの市民がオンライン上で参加しています。地域住民が雪像や雪だるまづくりに参加することを通して、地域の伝統や文化の継承に貢献している事例を教材化しました。また、子供たちも地域の一員として、こうした取組にどう貢献していくのかを考える学習を単元の終末に設定しました。

地域のイベントや祭りがコロナ禍によって開催できないという事例は、日本全国に溢れていると考えられます。今回、紹介するのは北国の祭りですが、どの地域であっても、題材を置き換えるだけで実践できる教材化に努めました。

子供たちに付けたい力や態度

■知識及び技能

・道内の文化財や年中行事は、地域の人々が受け継いできたことや、それらには地域の発展など人々の様々な願いが込められていることを理解している。

■思考力、判断力、表現力等

・学習したことを基に地域の伝統や文化の保存・継承に関わって自分たちにできることなどを考えたり、選択・判断したりして表現している。

■主体的に学習に取り組む態度

・道内の文化財や伝統行事について、予想や学習計画を立てたり見直したりして、主体的に学習問題を追究し、解決しようとしている。

「見方・考え方」を働かせるポイント

「歴史と人々の生活」に区分される本単元は、以下の見方や考え方が働かせられるように単元を構成します。

①位置や空間的な広がりの視点～分布

②時期や時間の経過の視点～起源・由来・継承・維持

③事象や人々の相互関係の視点～工夫・努力・協力・連携

①では、県内の白地図上に文化財などを記入しその分布を捉えさせます。

②では、年表にまとめるだけでなく、文化財や年中行事の起源や由来についても提示し、様々な願いが込められていることが分かるようにします。

③では、保存や継承に取り組んでいる地域の人々の努力が見られるよう、具体的な例を取り上げるとともに、行政・市民といった複数の立場に触れ、それらが協力していることが考えられるようにします。

「ICT・一人一台端末」を活用するポイント

調べ学習での活用に留まらず、「Google Classroom」での教師と子供、子供同士の情報共有、「Google Jamboard」上での意見交流、「スライド」機能を用いたポスター等のまとめ学習など、単元を通して効率的に端末を利用します。

単元の展開

①単元を貫く学習問題をつかむ

道内には古くから伝わるものがたくさんあるけれど必要なのだろうか。

「古くから伝わるもの」を子供たちに問う場合、イメージしやすいのは有形文化財です。そこで、単元の導入で、駅前などの再開発による近代的な建物と有形文化財の比較を行います。「古い建物を残すにはお金と手間がかかること」を提示し、それでもなぜ残すのかと揺さぶります。その後に無形文化財に触れ、「芸能」「祭り」の存在を提示します。事前にGoogle Classroom上に準備した白地図にその位置を書き込ませ、道内各地に文化財が残されていることを押さえます。

【学習問題】
道内にある古くから残るものには、どのような願いがこめられ、どのように受け継がれているのだろうか。

②調べる

古くから残る「建物」「芸能」「祭り」について調べよう！

単元を貫く学習問題づくりの際に、「建物」「芸能」「祭り」など子供たちが調べたいことについて立てた学習計画に沿って追究していきます。

調べ学習の際、見学に行けるのが一番ですが、扱う事例が県内で遠い場合や、コロナ禍で感染対策が厳しく実施できない場合もあります。そこで、一人一台の端末を積極的に利用します。

インターネットでの調べ学習はもちろんのこと、役所の観光課の担当者とzoomなどでつないで実際に子供たちの質問に答えてもらう場面も設定します。得られた情報は、年表にまとめ、比較・関連付けが視覚的にできるように配慮します。

単元を通じた子供の変容

単元の導入で、「北海道には古くから伝わるものがたくさんあるけど必要なのかな」と子供たちに問いかけると、みな口々に「必要だ」と言います。「なぜ」とさらに問いかけると、「せっかくここまで残したのに、今壊したらもったいない」「古い建物って格好いいよ」「観光客がいっぱい見にきてくれそう」というくらいの認識でした。

調べ学習を進めていくうちに、「古くから残る建物・芸能・行事には様々な願いが込められ、その継承には多くの人々が関わっていること」を知ります。さらに、「未来」とい

③考え・学び合う

なぜ、旭川市は冬まつりをオンラインで開催しているのだろう。

これまでの学習を基に、社会的事象の意味を考える一単位時間を設定します。

> **【社会的事象の意味を考える問い】**
> 「他のまちでは中止にしているところもあるのに、なぜ旭川市はオンラインで冬まつりを続けているの？」

コロナ禍により、オンライン開催となった冬まつり。そこまで開催にこだわる意味を考えます。もう一つのポイントは「市民参画」。参加した市民の話を聞くことで行政と市民が協力しながら継承していることに気付かせます。さらに、市民の一員である自分たちにできる「冬まつりの伝統や文化の保存への貢献方法」を Google Jamboard 上で交流させ、教師が意味をまとめながら視覚化していきます。

④まとめ・生かす

キャッチフレーズを考えて、PR ポスターを作ろう！

「自分たちにできること」を考えた際、子供たちは「旭川冬まつりへのオンライン参加」を選択しました。実際に雪だるまを作り、その手にメッセージを添えて写真を投稿しました。

「旭川の冬まつりはオンラインでも楽しい」「雪や寒さは旭川の宝物」「みんなで冬を盛り上げよう」など冬まつりが行われている経緯を踏まえた記述が多く見られました。一般的には、PR ポスターを作るなどの活動が取り組みやすいでしょう。

一人一台端末を活用し、「スライド」機能を用いて作成すると、自分で写真なども貼り付けられて教師の手間が省けますし、子供たち同士で共有もしやすくなります。

う時間軸を考えたとき、「自分たちがそれを受け継いでいかなければならない」と、自分たちにできることを考えはじめました。「市民みんなで伝統を受け継いでいくことが大切なんだ」との認識へと変容していきました。

（なお、本実践は旭川市教育研究会社会科研究部第４学年推進委員会で行った実践に筆者が加除・修正したものです）

社会的事象の意味を考える本時（第５時） 他のまちでは中止にしているところも

展開① 問いを生む場

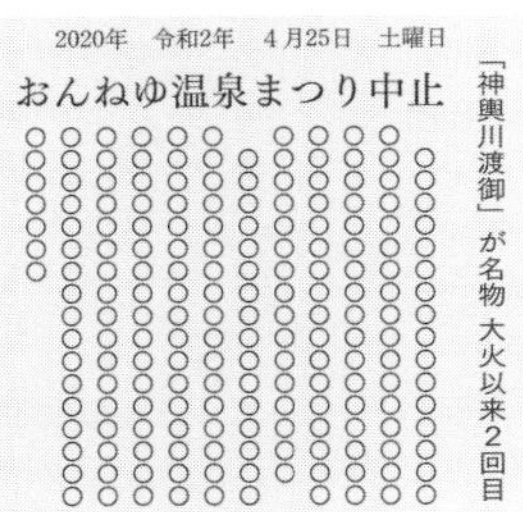
2020年　令和2年　4月25日　土曜日

おんねゆ温泉まつり中止

「神輿川渡御」が名物　大火以来2回目

他のまちとの比較から問いを生む

［具体的な教師の関わり］

60 年以上の歴史を誇る旭川冬まつり(北海道は他県と比べて年中行事の歴史が浅い）ですが、この２年はコロナ禍によって集客イベントとしての開催が中止されていたことを提示します。そして、他のまちではそのまま中止に…という事例もある中、オンラインでの開催を行ってきた事実を提示し、他のまちではイベントを中止しているところもあるのに、なぜ旭川市は冬まつりをオンラインで開催しているのだろうという問いを生みます。

展開② 自分の考えをまとめる

zoom を使ってインタビューをする

［具体的な教師の関わり］

子供たちは、「歴史を残したい」「一度やめてしまうと、次は『去年もやらなかったから』とやらなくなりそう」「何十年も続けてきたのにもったいない」と年中行事としての価値や旭川市のイベントとしての価値という立場から考えていきます。

そこで、市役所観光課の方にインタビューをして、子供たちの予想が正しいかを確かめます。「皆を困らせている雪を主役にして、雪や氷を好きになってほしい」と冬まつりがはじまった経緯にも触れたことで、子供たちの考えを認めてくれました。

板書例

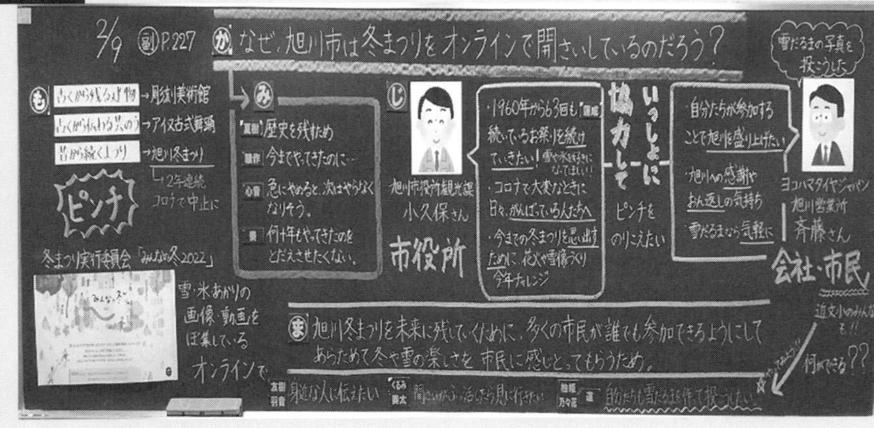

あるのに、なぜ旭川市は冬まつりをオンラインで冬まつりを続けているの？

展開③ 考えをつなぐ場

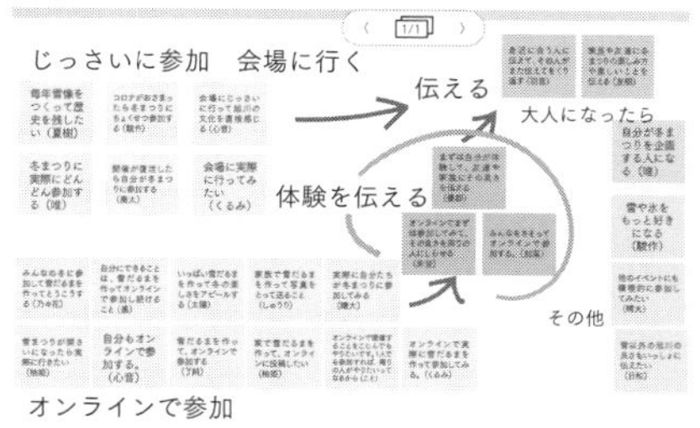

Gogle Jamboard を使用して考えをまとめる

[具体的な教師の関わり]

次に立場を変えて、オンライン参加した企業のインタビュー動画を提示します。「旭川を自分たちで盛り上げたい」「旭川市への恩返しの気持ち」「オンラインなら気軽に参加できる」などの言葉を取り上げ、市民が冬まつりを支える意味を考えられるようにします。そして、「旭川市民として自分にできること」を考え、Google Jamboard 上で意見交流をし、伝統や文化の保存というねらいから逸れないよう留意しながら子供たちが選択・判断できるように視覚化してまとめていきます。

展開④ 吟味・検証・再考の場

他のまちの市民が関わった事例を取り上げる

[具体的な教師の関わり]

３年生の地域学習であれば、ここで終わってもいいのですが、４年生は「県内」の事例が必要です。最後に視点を広げて県内の同じような取組を紹介します。それらの事例を比較することで、県内の文化財や年中行事は地域の人々が受け継いできたことや、地域の発展などの様々な願いが込められていることを検証できるようにします。

（本実践では、その後の県内の特色ある地域の様子の学習に登場する小樽市の事例を紹介しました）

教師と子供の対話例

実際に雪だるまを制作し、オンラインで冬まつりに参加した子供たち。参加してみてどうだったかと問いかけてみると、「久しぶりに雪だるまを作ったけど楽しかった。雪は宝物って本当だね」「オンラインで参加しなかったら分からなかった」と振り返っていました。

子供たちが使用している副読本の単元の終わりには、「キャッチコピーを作ってポスターを作ろう」とあります。本単元内では扱えなかったのですが、「冬まつりのよさはオンライン参加でアピールできたけど、建物や芸能についてもアピールできるかな」と言ってみたところ、数名の子供たちが家庭学習でポスター作りに取り組んできました。

第６学年・全８時間

世界の未来と日本の役割

単元目標

我が国は平和な世界の実現のために重要な役割を果たしたり、諸外国の発展のために援助や協力をしたりしていることを理解することができる。また世界の課題の解決に向けた連携・協力などに着目して、国際社会において我が国が果たそうとしている役割を考え、表現することができる。

「発想の転換」を生かす単元づくり

「教材化」のポイント　支援の見方を変える！

今回はJICAの原さんが行っているニジェールの「みんなの学校プロジェクト」を「貢献」という視点から教材化しました。「みんなの学校プロジェクト」とは、学校（教師）と保護者と地域住民の「みんな」で学校を運営していくという取組です。そうすることで地域の大人たちが教育の重要性を理解し、地域全体で子供の学びを支えていくというものです。

さて、子供にとって「支援」のイメージとはどういったものでしょう？「学校を建てる」「勉強道具をあげる」「教師を育てる」といった直接的な支援＝「貢献」のイメージがあると思います。しかし、「仕組みをつくる支援」という間接的な支援＝「貢献」もあるということに、このプロジェクトを取り上げ、教材化する価値があるのです。

地域の大人の意識を変えることで、子供が就学できる。その子供が大人になったときに国に「貢献」したり、自分の子供を学校に通わせたりする。すると、国自体がさらに育っていく。この「人づくり＝国づくり」という視点と、「仕組みをつくっておけば、日本人の支援がなくても自分たちで継続できる」という視点が見えることで「持続可能な支援」の価値に迫ることができ、直接的・間接的な「貢献」に対する子供の捉えが変容していくのです。

子供たちに付けたい力や態度

■知識及び技能

・我が国は平和な世界の実現のために重要な役割を果たしたり、諸外国の自立的な発展のために援助や協力を行ったりしていることを理解している。

■思考力・判断力・表現力等

・地球規模で発生している紛争や環境、貧困といった課題の解決について、国際社会において我が国が果たしている役割を考え、表現している。

■主体的に学習に取り組む態度

・世界の中の日本の役割について学習計画を立て、学習を振り返ったり見直したりして、主体的に学習問題を追究しようとしている。

「見方・考え方」を働かせるポイント

「人を育てることがなぜ、国の発展に関係するのか」を問うことで、「人づくり」と「国づくり」の相互関係に着目できるようにします。大人の意識改革の重要性や子供が学ぶことの価値をより深く考えることができます。また、子供は将来大人になり、親になり、この関係がずっと続いていくという時間的な見方を働かせることもできます。持続可能な支援だからこそ自分たちでこの連鎖を続けていくことができるという、ニジェールの未来を考える子もいるでしょう。終末場面ではこのプロジェクトが他国にも広がっているという空間的な広がりから、世界の平和、日本の世界「貢献」へと目を向けていくことで、子供たちは自分自身の社会に対する「貢献」にも思いを馳せていくのです。

「ICT・一人一台端末」を活用するポイント

Chromebookを活用しながら調べ学習を行ったり、JICAの取組についての動画を視聴するなど、自分の課題に合わせた個別最適な学びを保障します。また、オクリンクなどを使ってグループでまとめたことを発表・共有したり、全体で確認します。まとめの場面でスクールタクトを活用してコメントを書かせることで、協働的な学びにすることもできます。

単元の展開

①単元を貫く学習問題をつかむ

現在、世界にはどのような課題があるのだろう。

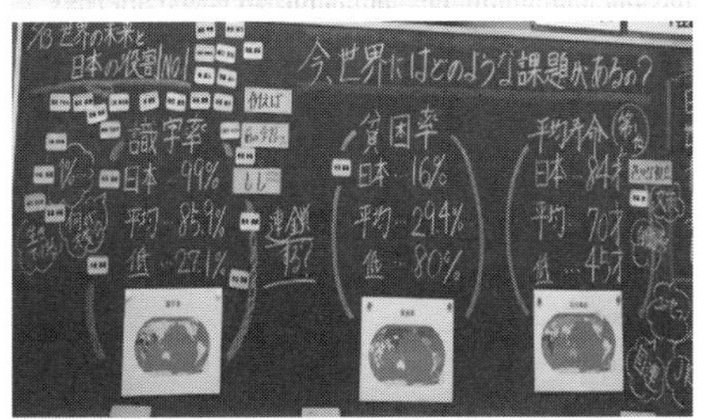

まずは、「世界の識字率」を提示し、世界には様々な課題があることを話し合っていきます。さらに、日本と世界の国の貧困率などを比較する活動を通して、アフリカ諸国にそれらの課題が多いことに気付けるようにします。

また、識字率の低さが貧困率や命にも関わることだということにも触れておくことが、教育支援の価値につながっていきます。そして、こういった課題に対し日本はどんな役割を果たしているのかを問うことで、学習問題を生んでいきます。

【学習問題】
日本は世界と協力してどのような役割を果たしているのだろう？

②調べる

課題を解決するためにだれがどのような活動をしているのだろう。

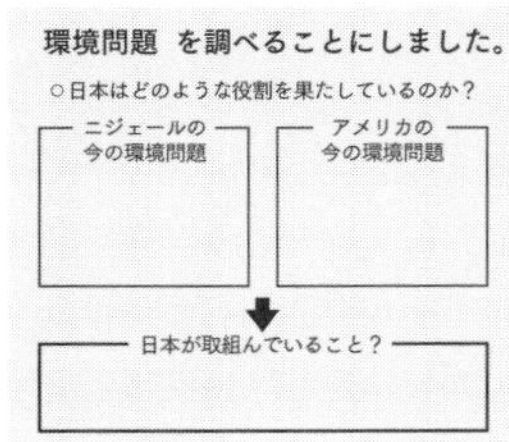
環境問題 を調べることにしました。

○日本はどのような役割を果たしているのか？

ニジェールの今の環境問題

アメリカの今の環境問題

日本が取組んでいること？

まずは、単元の学習問題に対する予想から、学習計画を立てます。学習計画に沿って、「環境問題」「紛争問題」「貧困問題」の３つの視点から、調べ進めます。「日本はどのような役割を果たしているのか」「どのような機関が関わっているのか」をインターネットで検索したり、教科書などで調べたりしたことを、オクリンクなどでまとめて共有していきます。

また、JICAの取組についても触れることで、３つの視点に共通する、子供に対する支援や技術指導など、持続可能な支援が必要であることが見えてきます。原さんがどんな人物でどんな思いをもって活動しているのかについても調べて共有しておくことも大切です。

単元を通じた子供の変容

単元のはじめ、子供たちは世界の課題について漠然とした知識しかもっておらず、どこか自分とはかけ離れた問題であるという認識でした。そして、その解決に対して日本がどのように取り組んでいるのかについてはほとんど知らない状態でした。それが、単元の学習を進める中で「字が読めないってこういうデメリットがあるんだな」「世界の現状ってこうだったんだね」と、世界の課題に対する捉えが変化していきました。

「支援」についても、最初は「与えること」「教えること」「一緒にやること」といった

③考え・学び合う

なぜ、直接的ではない「仕組みづくり」という支援をするのだろう。

JICAの原さんたちが、ニジェールで教育支援をはじめたことで、ニジェールの就学率が上がったことを提示します。それが「みんなの学校プロジェクト」という仕組みづくりという支援の在り方であることから問いを生んでいきます。

> **【社会的事象の意味を考える問い】**
> 「なぜ原さんはみんなの学校プロジェクトという形での教育支援を行ったのかな?」

子供たちはこの問いを追究することで「自分たちでできるようにする支援」だからこそ、人を育てることが国を豊かにすることにつながるのだと気付いていきます。「持続可能な支援の在り方」についてより深く考えていくのです。

④まとめ・生かす

世界の課題を解決するための日本の取組について意見書を作ろう。

単元を通して学んだり調べたりした世界の課題について1つ取り上げ、その課題の解決に向けて日本はどう取り組んでいけばよいかについて考え、意見書を作成していきます。

その際、Chromebookのスクールタクトでノート（意見書）を共有していきます。子供たちはノートを見合い、アドバイスし合うことで、単元の学習問題の解決に必要な情報を協働的に選択・判断してまとめていくことができます。

意見書を書く過程においては、「相手国や世界の未来」について考えた支援が日本の役割の一つであることを確認する指導が大切です。

認識でした。しかし、学びを進める中で、相手国のことを考えた支援や、持続可能な支援など、支援の「在り方」や「方法」についても自分なりに考える姿が増え、国際協力についてより深く理解しようとする姿が見られるようになりました。

社会的事象の意味を考える本時（第6時） なぜ原さんは「みんなの学校プロ

展開① 問いを生む場

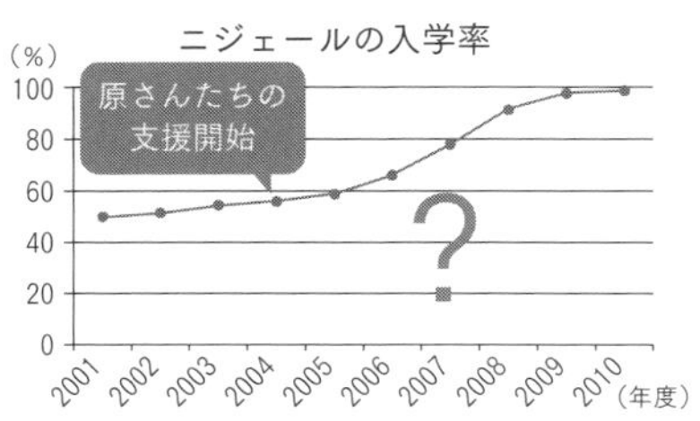

ニジェールの入学率の変化から問いを生む

［具体的な教師の関わり］

原さんたちの支援がはじまった年から入学率が上昇していることに気付くことができるように、はじめに、ニジェールの入学率の推移のグラフを提示します。その上で「どんな支援をしたと思う？」と問うと、子供たちは学校を建てるなどの直接的な支援ではないかと予想します。しかし、実際には「みんなの学校プロジェクト」という、地域全体で子供の学びを支えていく仕組みづくりという形での支援だということを提示し、問いを生みます。

展開② 自分の考えをまとめる

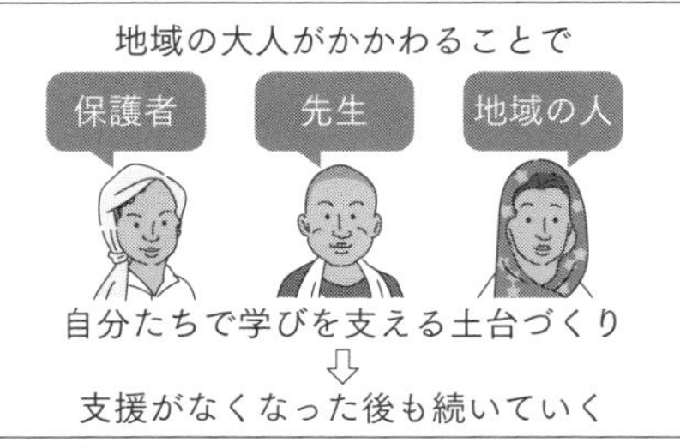

大人が学校に関わるよさを考える

［具体的な教師の関わり］

子供たちは親や地域の大人が学校に関わることのよさについて考えていきます。「なぜ大人が関わることが就学率の上昇につながるのか？」「大人は学校に関係ないのでは？」「JICA の人たちが直接支援していけばよいのでは？」などと問うことで、教育に対する大人の意識改革や現地の人が自分たちで学びを支える土台づくりをすることの大切さに目を向けさせ、見通しをもたせていきます。

板書例

ジェクトという形での教育支援を行ったのかな？

展開③ 考えをつなぐ場

人づくりと国づくりを関連付けて考える

[具体的な教師の関わり]

最初に、地域の大人が学校運営に関心をもつことで学校に子供を通わせる親が増え、自分たちで運営していくことで支援が終わった後も持続していけるという「人づくり」について考えていきます。そして、「学校で学ぶことのよさ」について改めて問い、「人づくり」によって学校に通う子供が増えれば、将来的により豊かな国になるという「国づくり」へとつなげて考えられるようにします。

展開④ 吟味・検証・再考の場

2004年ニジェールで
23校からスタート

2021年ニジェールで
約19000校

アフリカの8か国で
約53000校に！

支援の在り方を再考する

[具体的な教師の関わり]

最初はニジェールの23校からはじまった「みんなの学校プロジェクト」が、2021年には約19000校にまで増えたことを提示し、自分たちで運営していく仕組みだからこそ、ここまで広がっていったことを実感できるようにします。さらに、アフリカの8か国で約53000校がみんなの学校プロジェクトを実施していることから、ニジェールだけではなくアフリカ全体がこの支援によって豊かで平和な未来へと向かっているという広がりの視点からも、持続可能な支援の在り方を再考していきます。

教師と子供の対話例

まずは、「人づくり」を取り上げていきます。大人が学校に関心をもち、子供を学校に通わせるようになると考えたところで、「そもそも子供が学校に通うことのよさとは何か?」と問います。すると子供たちは既習から「知識をつけることは命を守ることにもつながる」「職の選択肢が増える」など、学んだ子が大人になったときに豊かな生活を送ることが可能になり、そういう大人が増えることが豊かな「国づくり」へとつながることに目を向けていきます。

板書については「人づくり」が「国づくり」につながり、それが他の国にも影響をもたらすといったように広がりを感じられるように構成していきます。

また、「直接的な支援」と比較させることで、「物を渡して終わり」「日本人が全てやる」のではなく、「自分たちで運営する仕組み」だからこそ、未来につながる持続可能な支援になるのだという見方を引き出していきます。

終章

社会科の面白さは教材にあり

終章

社会科授業の面白さは教材にあり～本書のまとめに～

大妻女子大学教授　**澤井 陽介**

追究・解決する面白さ

主体的・対話的で深い学びの実現、見方・考え方を働かせる単元づくり、ICT の効果的な活用、個別最適な学びなど、学習の方法や過程（プロセス）の重要性が脚光を浴びています。小学校社会科も学習指導要領（2017）において、社会的事象の見方・考え方、選択・判断する力、多角的に考える力など、資質・能力の育成に資する問題解決的な学習の充実が示され、各地域、各学校の研究課題となっています。

しかし、**不易なものとして存在するのは「どうすれば子供たちが面白く学べる社会科にできるか」という研究課題**です。面白くなければ子供は主体的に学ばないというシンプルなロジックは常に存在しているからです。

ここでいう面白さとは、瞬間的に現れて消える「面白おかしさ」ではありません。知りたいことが徐々に見えてくる「追究する面白さ」、不思議に思った疑問点を「解決する面白さ」です。**社会科の授業では内容・教材次第で面白さが決まる**ということは、教師の誰もが経験的に理解しているところだと思います。

この「子供が面白く学べる社会科の授業」へ向かうためには、「教材研究」を避けて通ることはできません。

ちなみに「教材」という言葉は、「主たる教材としての教科用図書」（いわゆる教科書）のほか、社会科においては「副読本」や「資料」、「施設・設備」、具体物や実社会や地域の「人材」など、授業で扱う様々な対象を指す言葉として使われます。ここでは、「教材」を「学習者である子供と学習内容とを結び付けるための材料」と規定します。それらの材料を「どのように組織化し、どのようにして子供に届けるか」を考えることが教材研究です。

北海道の先生方の社会科への思い

北海道社会科教育連盟の先生方は、この教材研究にとことんこだわって授業研究を進めてきました。その思いは、「はじめに」や「第１章」でもあふれ出ています。

特に興味深いのは、「発想の転換」という言葉で、実社会の人々の考え方や生き方から、社会を見る「新たな視点」とともに社会の中で生きていく「生き方のロールモデル」を見いだそうとしている点です。

確かに社会科は、日本の社会の中で生きる人々の「知恵」「工夫や努力」「苦心」「協力」などを取り上げて、子供がそのよさを学ぶようになっています。実在した（実在する）人々が、様々な課題を解決しながら力を合わせて生きてきた（生きている）様子から、子供が社会における自分の生き方を考えるようになってほしいという願いが込められている教科だからです。

そうしたロールモデルの存在に子供が気付くようにするために、授業における「問い」に「仕掛け」を設けています。それが「発想の転換」を促す本時の問いです。私は、単元においても本時においても、目標を確かに実現するための授業の設計を資料１で説明しています。

資料１　q④を重視した授業設計イメージ

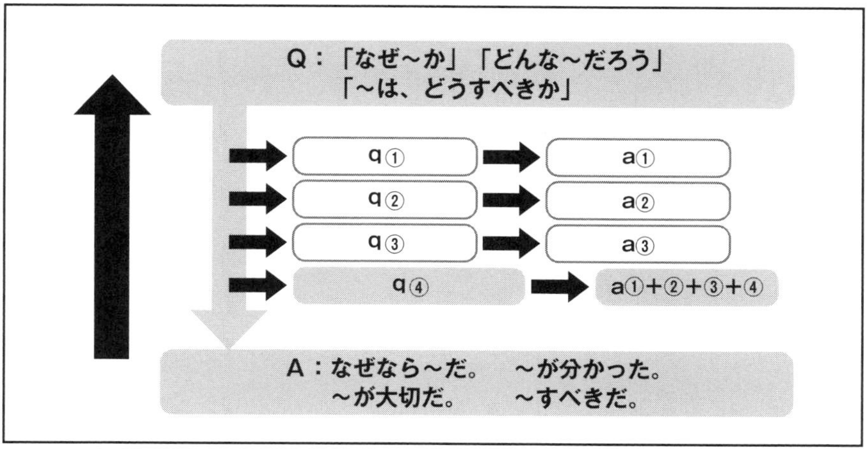

シンプルな図ですが、北海道社会科教育連盟の先生方の授業設計イメージとピタリ重なります。

さらに特徴的な点はq④（順序ではなく後半の問いという意味です）の場面で人間（実社会の人々）の姿（工夫や努力、協力、意図、思い、願いなど）がより鮮明に描かれるようになっている点です。

子供たちの理解は、人間が登場したときにより共感的になります。社会的事象の意味を理解することも、実社会の課題やその解決策に気付くことも、子供が勝手に思い描くことではなく、人間の姿によって投影されたものを見つめるからできるのです。

社会科は社会の仕組みを学ぶ教科ですが、その**内容の一端に仕組みを形づくり支えている人間の姿を位置付けて社会的事象の意味や特色の理解に迫ろうとする学びは、社会科における本質的で「深い」学びであろう**と思います。

「教材化の視点」と「追究の視点」

「社会的事象の見方･考え方」の説明では「視点」という言葉を使っています。教師の意図を中心に考えれば「教材化の視点」です。一方で子供の学びを中心に考えれば「追究の視点」です。

例えば、第３学年の内容(1)に「古くから残る建造物の分布に着目する」ことが示されています。この場合、「分布」が「位置や空間的な広がりに関わる視点」となります。着目させるよう教材化・資料化するのは教師、着目して追究するのは子供です。

前者では、教師が「どの地域のどの建物群を取り上げるか」という事例選択や「地図上にどのように分布の様子を表すか」といった検討を行います。後者では、子供が「なぜこの地域に古い建物が集まっているのか」「いつ頃、地域のどんな背景で建てられたのか」などの問いをもって追究します。

この**「教材化の視点」と「追究の視点」を結び付けるのが授業づくり**です。教師の意図が教材に込められ、それを感じ取って子供が自ら追究する授業が、「見方・考え方を働かせて学ぶ」授業なのです。

1　「教材化の視点」の研究

ここで教材化の視点をどのように研究すればよいかについて考えてみます。

①まずは学習指導要領の記述から見いだす

例として、第５学年の単元「自動車をつくる工業」で考えてみます。

学習指導要領の内容の記述を基に目標を考えると、以下のようになります（学習指導要領の内容のイ(イ)→ア(イ)を基に目標を設定)。

ここでは態度に関する目標は省略します。

> 製造の工程、工場相互の協力関係、優れた技術などに着目して地図帳や各種の資料で調べて、自動車の生産に関わる人々の工夫や努力を捉え、その働きを考え、表現することを通して、工業生産に関わる人々は、消費者の需要や社会の変化に対応し、優れた製品を生産するよう工夫や努力をして、工業生産を支えていることを理解できるようにする。　（下線は筆者）

下線を引いた文言は、「教材化の視点」だと捉えることができます。「思考・判断・表現→理解」を描くと、理解に至るプロセスに教材化の視点が見えてくることが分かります。これを図にすると、**資料２**のようになります。

学習指導要領に「など」と書かれている点を図にも明示しています。この「など」が、教師の創意・工夫のための「扉」であり、北海道社会科教育連盟の先生方が大きく開けた扉です。

資料２　教材化の視点例

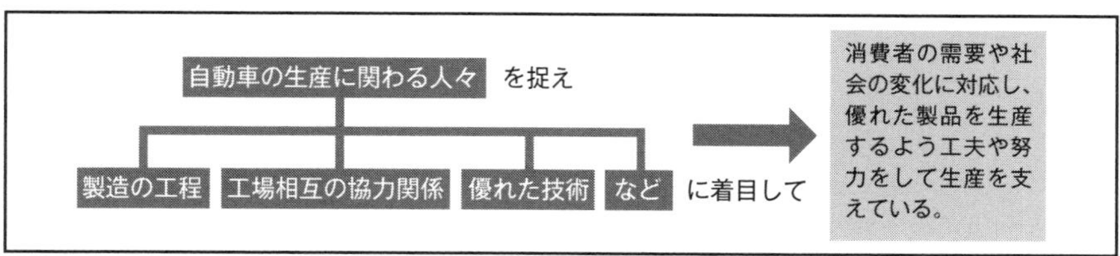

②資料化して子供に届ける

教材を形にして子供に届けるのは「資料」ですから、教材研究の重要な作業として「資料化」が必要になります。社会科で活用する「資料」には、映像、画像、文書、図、データ（グラフや表など）、実物、人材など様々なものがあります。社会的事象をこれらに変換する作業を通して、子供から教材化の視点が見えるようにします。

資料３　資料化の構想

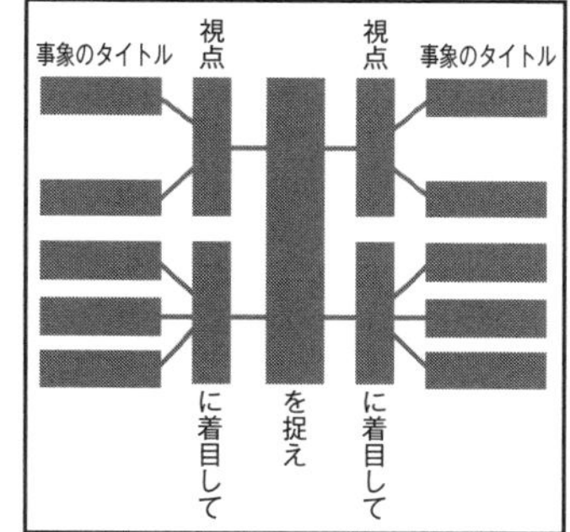

実際には、教材化の視点に着目させるための「事象のタイトル」（資料タイトル）を「〜の様子」「〜の仕組み」「〜の働き」などと考えてみます。例えば、資料4のイメージです。

資料4

製造の工程 に着目して▶	「生産ラインの仕組み」「工場内の配置」「働く人の様子」
工場相互の協力関係 に着目して▶	「部品工場の生産の様子」「部品工場との連携の仕組み」「部品工場の集積地域の様子」
優れた技術 に着目して▶	「工業用ロボットの働き」「未来志向の技術開発の様子」
など に着目して▶	「現地生産の特徴」「自動車開発の歴史」「社員のチームワーク」

理解事項に「消費者の需要や社会の変化」という言葉が出てきますので、これも「環境への意識向上」「高齢化の進展」などと考えておくと、単元の終末に提示する資料のイメージが固まります。

本書の実践例の中にも、様々な資料化の「すご技」が出てくるので参考にしてみてください。

③地域の実態や子供の実態を研究する

授業はよく資料5のような三角形で説明されます。

資料5　授業づくりの三角形

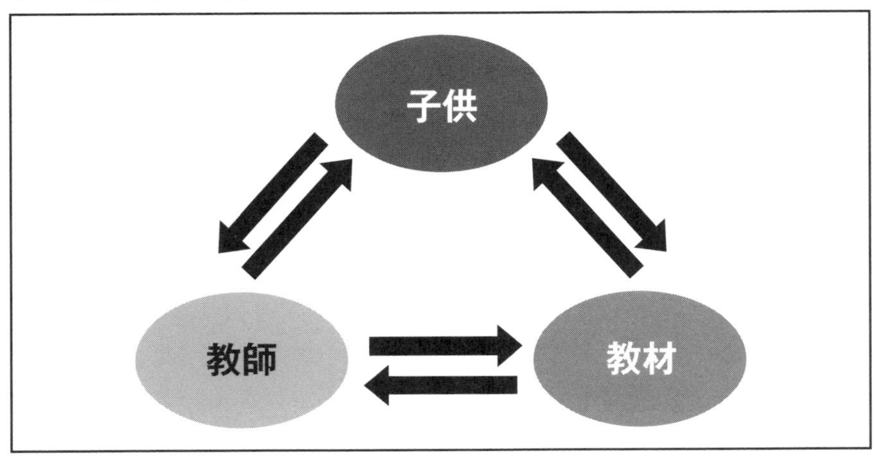

これは、教師と子供と教材の相互関係であり、教師の都合（教えたいこと）だけで教材を研究すると、子供の興味・関心が湧かず、主体的・意欲的な学習にはつながらないことが考えられます。そこで大切になるのが、地域の実態や子供の実態を踏まえることです。

学校を取り巻く地域の人的・物的資源のよさや地域に見られる課題です。学校教育に協力してくれる人々、授業に活用できる施設・設備など人的・物的資源を生かす、その一方で地域には伝統的なものや見学できる場所などが少ないなどの課題についても視野に入れることが大切です。

また、子供たちがそれまでに学んで身に付けていること、今興味・関心のあることなどを踏まえることも大切です。ただし、子供に人気があるからと、ただ流行の素材を取り上げても、社会科の目標の実現が図られないことが懸念されますので、その点は注意が必要です。

北海道社会科教育連盟の先生方のすごさは、**地域の課題点（マイナス面）もよさ（プラス面）を含んでいる点に目を向けようとしていることや、当たり前のよさ（スモールプラス面）から見逃していた真の価値（ラージプラス面）を見抜こうとしていること**です。

教師がこういう目線で社会を見つめて教材研究しているのですから、どんな子供たちが育つかは予想に難くありません。

④学習活動と結び付ける

最後にあらためて何を目的とする「資料」なのかについて考えます。

問いを生み出す、様子を理解する、調べたことをみんなで確かめる、これからの○○を考えるなど、「資料」には使う目的が必要です。目的が明確な「資料」にするためには学習活動とつなげることが大切です。

「資料○○から、疑問点を話し合う」

「資料○○で、各自が～の仕組みを調べる」

「資料○○を基にして、これからの工業生産の在り方をノートに書く」

など、資料を学習活動と結び付けることにより、授業の意図がより明確になります。本書の実践例においても様々な学習活動と結び付けた例が出てくるのでぜひ参考にしてみてください。

2 「追究の視点」の研究

小学校社会科「社会的事象の見方・考え方」における「追究の視点」は、中央教育審議会の資料において資料６のように例示されています。

資料６

位置や空間的な広がり
分布、地形、環境、気候、範囲、構成、自然条件、社会的条件　など
時期や時間の経過
時代、起源、由来、変化、発展、継承、向上、計画、持続可能性　など
事象や人々の相互関係
工夫、努力、願い、つながり、関わり、協力、連携、対策、役割、影響、多様性と共生（共に生きる）など

これらの多くは、社会的事象の特色や意味を「追究する視点」です。北海道社会科教育連盟の先生方は、これらを「社会認識のための視点」と呼んでいます。

「追究の視点」は、社会的事象と結び付けて「問い」に変換することで子供に届きます。例えば、「部品工場（社会的事象）の分布（視点）」→「問い：部品工場はどこに集まっているか・どのように広がっているか」などです。ドットを打った「資料」で、子供の疑問を引き出したり教師が発問したりするなど手立ては様々です。

一方で、学習指導要領（2017）では「選択・判断する力」や「多角的に考える力」の育成が求められています。これからのよりよい社会を考える思考力です。

そこには、議論のための「問い」と「追究の視点」が欠かせません。明確な「解決」策や一つの結論を導き出すことよりも、多様な意見や考えを引き出すことをねらう「追究の視点」です。それを「問い」と「視点」の例で示すと、例えば「そのことによりどんな課題が解決するか（実効性）」「本当に意味があるのか（妥当性）」「誰がすればよいか（主体）」「実際にできるか（実現可能性）」「長続きするか（持続可能性）」などです。

北海道社会科教育連盟の先生方は、これらを「社会参画のための視点」と呼んでいます。各教科等の授業でSDGsの目標が意識されはじめている現在、小学校社会科においても研究課題となるはずです。小・中学校社会科の接続・発展や棲み分けも考えていく必要があります。

本書は、北海道社会科教育連盟の先生方が、これまで取り組んできた研究成果をまとめることにとどまらず、新たな研究課題への挑戦を宣言するものなのです。

澤井陽介 大妻女子大学教授

昭和35年・東京生まれ。社会人のスタートは民間企業。その後、昭和59年から東京都で小学校教諭、平成12年から都立多摩教育研究所、八王子市教育委員会で指導主事、町田市教育委員会で統括指導主事、教育政策担当副参事、文部科学省教科調査官、文部科学省視学官、国士舘大学教授を経て、令和4年4月より現職。

北海道社会科教育連盟

昭和22年10月「北海道社会科の学習」編纂の実践研究を、初代委員長沢田準一のもとで始める。昭和26年、札幌市立山鼻小学校において創立総会および、第1回北海道社会科教育研究大会を開催。以来、令和4年度で創立72年。道内15地区、千名余の会員で、毎年、道内規模の研究大会を開催し、研究を進めている。

「～のはずなのに、なぜ？」を 教材化する社会科学習

2022（令和4）年7月20日　初版第1刷発行
2022（令和4）年9月 6 日　初版第2刷発行

監修　澤井陽介
編集　北海道社会科教育連盟
発行者　錦織圭之介
発行所　株式会社　東洋館出版社
〒101-0054　東京都千代田区神田錦町2丁目9番地1号
コンフォール安田ビル2階
代　表　TEL 03-6778-4343
FAX 03-5281-8091
営業部　TEL 03-6778-7278
FAX 03-5281-8092
振替　00180-7-96823
URL　https://www.toyokan.co.jp
装　幀　中濱健治
印刷・製本　藤原印刷株式会社

ISBN978-4-491-04942-7　Printed in Japan